笑看成语故事

漫画版

松下童 著

上册

上海元远教育 主编

同济大学出版社
TONGJI UNIVERSITY PRESS

目录

爱不释手

ài bú shì shǒu

非常喜爱，拿在手里不舍得放下。

东晋的陶渊明，少年时有宏大的志向。可惜当时社会动荡，陶渊明没有施展才能的机会，只做过一些小官。他后来对人说：“与其做九品芝麻官，不如回家种芝麻。”

陶渊明辞官回到农村，耕田种豆，饮酒作诗。他并不是种田的行家，地里的野草经常比豆苗还多。他自言自语道：“我做官不在行，种田也不在行，不知道写诗算不算在行。”

如果时光倒流，你回到那个时代，走在他家乡的小路上，找个农夫问一下：“你认识陶渊明吗？”

那个农夫可能会回答：“陶渊明是谁？是卖咸菜坛子的吗？”

陶渊明的诗文在那个时代几乎无人欣赏。他笔下全是田园风光和耕田种菜的农家生活。当时流行华丽典雅的文风，他可以说是在时代的高速公路上逆行。有的贵族会说：“陶渊明的诗，土得掉渣，还散发着天然有机肥料独特的气味。”

“逆行老司机”陶渊明死后一百年，他的诗才被南朝梁的太子萧统重新发掘，整理成集。萧统虽出身皇室，但天性仁厚，毫无骄矜之气。正因为他没有门第观念，才会欣赏陶渊明的诗。他说：“我一直很喜欢陶渊明的作品，拿在手中，舍不得放下。我一想到他高洁的品性，就遗憾没有和他生活在同一个时代啊！”

世界没有忘记陶渊明。他在后世的名声越来越高，粉丝团像雪球越滚越大，他被称为田园诗派的鼻祖。如果知道如今有那么多人在读他的诗，他也许会羞涩地说：“我以为我的才华稀少得就像豆苗，你们却说我的才华疯长得就像野草。不要夸我写得好，我的心脏承受不了；不要夸我才华高，我的血压可能爆表。”

近义词：
爱不忍释、手不释卷

反义词：
弃若敝屣、不屑一顾

拔苗助长

bá miáo zhù zhǎng

比喻违背事物的发展规律，急于求成，最后适得其反。

宋国有个农夫，在家里排行老二，人们叫他“二娃”。他经常帮人挖井，还喜欢挖苦别人，所以人们又叫他“二挖”。

后来没有井可挖了，他不得不开始种庄稼。但他不擅长干农活，眼看田里的禾苗没有别人家的长势好，心里很恼火。别人还反过来挖苦他说：“二挖个子小，种的禾苗都没别人家的长得高。”二挖气得跺脚大叫：“种地让我丢了脸面，地球欠我一个道歉。”

他的儿子哈哈大笑道：“你挖井就是挖地球，伤了地球的心，你要先给它道歉才对。”

一天，他走到田里，突然看见一只蚱蜢从地里跳了出来。瞬间，他受到了启发，脑洞大开地自言自语道：“只要把禾苗往上拔一拔，它们不就长得快了嘛！”

于是，他挽起袖子，说干就干。日落时分，他喜滋滋地回到家里。儿子问他为什么这么高兴，他得意扬扬地把拔苗的事情说了。

“你小子，要有我这聪明劲儿，早把老婆娶回家啦！”

儿子整夜没睡着，觉得头发整夜都被人扯着。第二天，他头皮发麻地赶到田里，发现禾苗都已经枯萎了。他回到家，对父亲说：“像你这么干，我就算有十个妈，也都会被你活活气死。”

近义词：
欲速不达、适得其反、操之过急、急于求成

反义词：
循序渐进、按部就班

病入膏肓
bìng rù gāo huāng

形容病情严重到无法医治的程度。也比喻情况严重到了无法挽救的地步。

春秋时期的晋景公，有一晚做了噩梦。他惊醒后，让巫师解梦。巫师说："您吃不到今年的新麦子了。"

"难道今年的麦子要绝收？"晋景公心存侥幸地问。

巫师摇头说："不是麦子要绝收，是您恐怕活不到收割麦子的时候了。"

不久，景公得了重病，请求秦国派大夫给他治病。秦国的名医医缓还没到，景公又做梦了。梦里，他的病变成了两个小孩儿，一个小孩儿说："医缓可是名医，我们会不会完蛋啊？要不要逃跑？"另一个小孩儿说："我们躲在肓的上面，膏的下面，他肯定捉不住我们。"

医缓来了后，仔细地给景公看病，叹息说："您的病，我也无能为力。病根在心脏里，在肓的上面，膏的下面，针灸不能用，药效也到不了那里。"

景公心想：果然是名医啊，和我梦到的一样。他送了一份厚礼给医缓，让他回

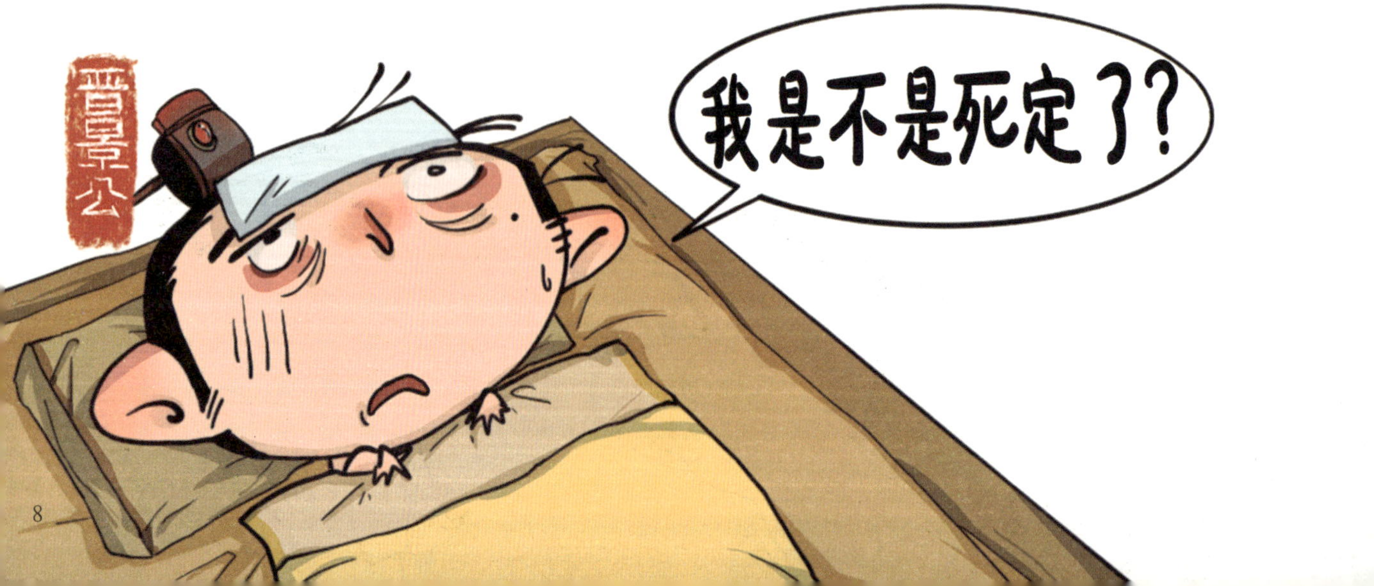

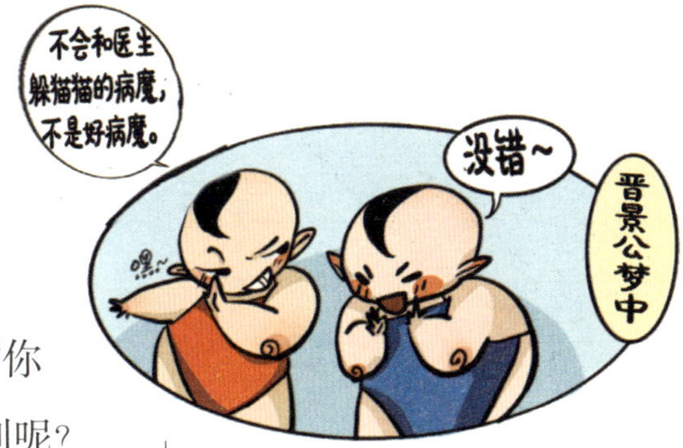

秦国了。

景公的病体，还是熬到了风吹麦浪、麦子收割的季节。他让人煮了新麦，又把巫师叫来，朝他怒吼："你说我吃不到今年的新麦子，我现在好好的，怎么吃不到呢？你这个胡说八道的骗子，我要杀了你。"

景公杀了巫师，正准备吃新麦，忽然感到一阵腹痛。他赶紧去上厕所，没想到地球引力忽然发威，"扑通"一声，他掉进了粪坑里。

他一边拼命地挣扎，一边放声大喊："救命啊！救命啊！快来人啊！快去牵一头牛，拉我上去。"

可惜，牛还没有赶到，景公就死在了厕所里。

近义词：
无可救药、行将就木

反义词：
药到病除、妙手回春

捕风捉影
bǔ fēng zhuō yǐng

原比喻事物像风和影子，难以捉摸。后比喻说话、做事没有事实根据。

汉朝的刘骜，当太子的时候性情谨慎，十分喜欢读书。有一天，他的父亲汉元帝找他有急事。因为驰道是皇帝专用的走道，他不敢走，特地绕了一大圈弯路。父亲知道后很高兴，觉得他很懂规矩，就说："你以后也走驰道吧！你是我培育的新品种，我的就是你的。"

刘骜即位后，就是汉成帝。他在政事上很懈怠，在生活中也很荒唐。他喜欢玩"丢人"的游戏。他有时乘车从外面回宫，就把身边的宫女丢在路边，让人们疯抢。他乐得哈哈大笑。

成帝很迷信，对日食、流星、地震、蝗灾等现象很害怕。皇后赵飞燕一直没有生育子嗣，而成帝的许多同龄人都当爷爷了。成帝觉得是老天在惩罚他，就经常祭祀鬼神，听方士谈仙论道。他喜欢黑色，宫里的帷幔、器物、车马都以黑色为主。

夜晚，他也不许点蜡烛，喜欢在一片漆黑中安静地行走，好像这样能和鬼神更亲近。

大臣谷永劝诫他说："方士们大谈鬼神，可你真要去寻找鬼神，索求长生不老药，就会发现那些都是虚无缥缈的，就像想抓住风和影子一样，根本不可能成功。"

近义词：
无中生有、道听途说、
子虚乌有、空穴来风

反义词：
真凭实据、言必有据、
有案可稽、铁证如山

生活太好，衣服嫌小。刘骜饱食终日，身形肥硕，正当壮年就吃出了一身毛病。生命的最后一夜，他睡在未央宫。第二天早晨，他起床穿衣服时，突然感觉很怪异："咦，衣服好像越来越重，我拿不动了。"

其实不是衣服重了，而是他的身体轻了，比会跳"掌上舞"的赵飞燕还要轻。他升天了。

成帝在世时忙着玩乐，任由外戚王氏逐渐夺权。成帝死后十几年，王莽篡汉。

bù hé shí yí
不合时宜

不符合当时的需要或情势。

捕风捉影的汉成帝驾崩后，即位的是他的侄儿汉哀帝。正所谓福无双至，传国玉玺快递到家了，健康还缺货呢！不到二十岁的年纪，哀帝的身体就像开了二十年的破车，开到路上，除了喇叭不响，其他地方都响。有一天，他哀叹说：“我才这么年轻，怎么身上到处都不舒服。我昨晚整夜没睡着，太后让我数羊，大漠的羊都让我数遍了，可还是睡不着。你看我这黑眼圈，扮演熊猫都不用化妆。”

大臣夏贺良建议说：“现在这么多灾害，都是老天发出的警告。汉朝气数已尽，您只有改元易号，和汉朝划清界限，才能延年益寿。”

哀帝采纳了建议，将帝号改成“陈圣刘太平皇帝”，并且大赦天下。一个多月过去了，他的病情还未见好转。死刑犯都被他释放了，在外面活蹦乱跳的，他反而像被老天判了死刑。他问夏贺良：“你说我改元易号就会强壮得像变形金刚，可我感觉自己是变形虫，浑身软绵绵的。你这办法到底管不管用？”

于是，夏贺良又建议进行政治改革，他狡辩说：“大臣们都不懂天命，您应该把丞相和御史大夫都罢免了。”

哀帝没有再听他满嘴跑火车，而是下令逮捕他，判定他惑乱朝政、颠覆国家。哀帝说：“我轻信了夏贺良的话。他的言行既违反了传统，也违背了时势发展的需要，不合时宜。”

除了大赦，其他改革措施，也立刻被全部废止。但汉朝仍在天灾人祸的打击下急剧衰败，一个濒死的朝廷指望一个濒死的皇帝来挽救，纯属天方夜谭。这就像一个人掉到井里，不能指望他靠鼻子或耳朵挂在井口就不掉下去。

哀帝死之前，做了一件最不合时宜的事——把权力转交给宠臣董贤。哀帝尸骨未寒，董贤拿着传国玉玺陪在他身边。结果，太皇太后王政君立刻通知侄子王莽进宫。一帮姓王的外戚，不费吹灰之力就拿下了董贤。

王莽大权在握，装模作样地又为汉朝打了十年工，后以接受禅让的形式称帝，改国号为“新”。他也是五百年难得一见的奇葩，搞了一套不合时宜的新政，最后落得身死国亡的下场。

近义词：
不识时务、倒行逆施、陈词滥调

反义词：
因时制宜、因势利导、随机应变

bú jìng ér zǒu

不胫而走

比喻不用推动或宣传，信息就能迅速传播。

孔融是孔子的第二十世孙，也是东汉末年的名儒，写得一手好诗文，又喜欢交朋友。《三字经》中“融四岁，能让梨”的故事，后世妇孺皆知。

孔融的好友盛孝章住在东吴，很有才华，但一直得不到东吴小霸王孙策的赏识。孙策死后，弟弟孙权继续迫害盛孝章。盛孝章的老婆和孩子死了，自己也性命难保，好像所有的好事都在和他玩躲猫猫，所有的坏事都要陪着他直到海枯石烂。孔融很为他着急，于是给曹操写信推荐盛孝章。孔融说：“我不过是把梨让给哥哥，盛孝章都快要把命让给孙权了。你想实现政治抱负，就要广纳贤才。珠玉没有长腿，但因为人们喜爱，也会到人们的手中。盛孝章就是人中的珠玉，但他有腿啊，只要你真的求贤若渴，他一定会来投奔。”

曹操的确求贤若渴，他曾和下属开玩笑说：“有的人会弹琴，会写诗，会带货，会制造机械，会算圆周率，而有的人只会啃猪蹄，刷手机。人和人的差别比牛和牛的差别大多了，甚至比牛和蜗牛的差别还大。”

曹操看完信后，马上就要征召盛孝章为都尉。可惜那个时代还没有互联网，快递也不发达，委任状还未送到，盛孝章就被孙权杀了。如果当时有手机和高铁，交流便捷，盛孝章也许就能溜之大吉，改变命运了。

近义词：
风靡一时、妇孺皆知

反义词：
秘而不宣、无人问津

cái gāo bā dǒu
才高八斗

形容非常有才华。

三国时的曹操有很多儿子，才能最突出的有三个：曹冲、曹丕和曹植。

曹冲是个神童，留下了“曹冲称象”的典故，可惜十三岁时患病夭折。曹操悲叹：“我真后悔杀了华佗啊，不然华佗肯定能救活曹冲。”

曹丕虽然文武双全，剑术高超，但曹操曾对他说：“曹冲的死，是我的不幸，却是你的幸运。”意思是说，曹冲如果不死，就会当太子，曹丕就得靠边站。

曹植文采风流，更胜过曹丕。曹植十多岁时就能写出漂亮的文章。曹操看了，总惊喜地问他：“是不是有人帮你写的？”

曹植回答得很坦然：“我就是有出口成章的本事，不信你可以当场考考我。天妇罗人人都可以吃，但天赋却不是人人都有的啊！”

曹冲死后，能竞争太子之位的就只剩下曹丕和曹植。曹植才华横溢，有大批支持者，但他因为行为任性而渐渐失宠，最后还是让曹丕上位了。但曹植仅凭文学上的成就，就能名耀千古。

曹植死后一百多年，南朝出了个大诗人名叫谢灵运，他开创了文学史上的山水诗一派。当时的皇帝很欣赏他的诗和书法，经常请他喝酒聊天。谢灵运恃才傲物，但唯独对曹植佩服得五体投地，曾经感叹说："如果天底下的文才总共一石（容量单位，一石相当于十斗），曹植就独占了八斗，我占一斗，从古至今的其他所有才子占最后一斗。"

他的意思是说，其他人都入不了他的法眼，他只高看曹植一人。

清朝著名的文学家王士禛也评价说，近两千年的诗人，堪称仙才的也就曹植、李白和苏轼三人。

近义词：
才气过人、才气无双

反义词：
才疏学浅

沧海桑田

cāng hǎi sāng tián

大海变农田，农田变大海。比喻世事变化巨大。

麻姑是古代传说里长生不老的女仙。晋代道士葛洪的《神仙传》里说麻姑是东汉仙人王方平的妹妹。她看上去永远只有十八岁，好像时间特地为她按下了暂停键。她光彩照人，好像肚子里装着一个大灯泡。

王方平在成仙之前，学通五经，能预见世事的盛衰兴替。汉桓帝听说了，非要让他讲讲将来的世界不可。他就在宫门上写了一篇文章，暗示汉朝将有大乱。桓帝很不高兴，让人去把字擦掉。过了许久，一个大臣报告说："我们用了一火车的橡皮，也没把字擦干净，原来墨迹已入木三分。"

王方平成仙后，有一次去徒弟蔡经家里，又派人去邀请麻姑前来相见。麻姑仍是少女模样，长发垂到腰间，华丽的衣服非人间所有，非常美丽。麻姑已经有五百年没有见过王方平和蔡经了，来了后送给他们一些食物。王方平咬了一口说："这是什么玩意儿？像橡胶鞋底，咬上去挺磨牙的。"

麻姑说："橡胶鞋底要到一千多年后才出现呢，这是麒麟肉干。"

他们一边吃，一边继续聊天。麻姑又说："我得道以来，已经看见三次东海干涸，变为桑田。这次经过蓬莱，我发现海水又比以前浅了很多，许多鱼、蟹搁浅，

回不了家，难道大海又要变成高山和陆地了吗？”

王方平笑道：“是啊，圣人们都说，海水又要干涸，海上扬起的将不再是波浪，而是灰尘。”

蔡经感叹：“世界原来像个大锅，一会儿在煲汤，一会儿在干煎。”

蔡经喝了一点儿酒，见麻姑的指甲非常长，好像鸟爪，心想：要是背上瘙痒，用这样的指甲挠痒，岂不是很舒服？王方平察觉到了蔡经的念头，责怪他说：“麻姑是仙女，你怎么能想着用她的指甲给你挠痒。”

王方平让随从鞭打蔡经以示惩罚。蔡经的家人都是凡人，只见鞭子在空中飞来飞去，却看不见拿鞭子的人，十分惊讶。王方平笑道：“我的鞭子只打神仙。你们是凡人，想挨打还不够资格呢！”

近义词：
天翻地覆、日新月异、白衣苍狗、事过境迁

反义词：
依然如故、依然故我、一成不变

chē shuǐ mǎ lóng
车水马龙

形容车马来往不绝，非常热闹。

东汉的明德皇后是名将马援的小女儿，年幼就没了父母，十岁时已能把家里照料得井井有条。外人对她的能干很惊讶，都赞叹说：

“这小女孩儿，将来估计要当总理吧。”

“她不当总理，也能当总理夫人。”

“她也可能当总理的妈妈呢！”

马氏十三岁被选进宫，侍奉皇后阴丽华。她因为待人和善，处事妥帖，深得皇后喜爱。皇后的儿子刘庄即位后，马氏就成了新皇后。马皇后生活非常俭朴，常穿粗布衣服。一些嫔妃议论说：“我还以为皇后穿的是极好的料子，上前一摸，真是让人大跌眼镜。我如果穿这么粗糙的布料，会觉得是在对我娇嫩的肌肤施酷刑。”

刘庄死后，马氏成了太后。新即位的汉章帝想给马太后的弟兄封爵，被她拒绝了。第二年旱灾，有大臣说，旱灾的原因就是去年没封外戚。马太后说：“提出给外戚封爵的人，都是想讨好我。可我不需要他们讨好，他们应该去讨好老百姓。前几天，我路过娘家，看见很多人上门拜访，车子多得像流水，马匹多得像游龙。我舅舅家很招摇啊，穿的衣服，坐的马车，比我这个太后的高级多了。如果还要封爵，他们的尾巴要翘到天上去了，这会埋下祸根。”

马太后一生俭朴谨慎，垂范后世。

近义词：
门庭若市、络绎不绝、摩肩接踵、人山人海

反义词：
门庭冷落、无人问津、门可罗雀

友情提示
最好中午出门，
因为早晚要出事。
5元
太后
当家里堆满了奇珍异宝，
平安和自由就成了最大的奢侈。
还好没封爵，
不然尾巴都翘到天上了。
我如果纵容他们，
只怕世界要为难他们。
10元
2元

chéng mén lì xuě

程门立雪

形容尊师重道，求知的心非常虔诚。

程颐是宋朝著名的思想家。他和哥哥程颢自幼聪明好学。程颢考上了进士，程颐却没有考上，但他仍然坚持研究孔孟之道，培养了大批学生。

你听过司马光砸缸的故事吗？当司马光成了老爷爷，身体已经不中用了，再也砸不了缸了。但他说话还管用，他推荐程颐进京，去教皇帝读书。

程颐经常在皇帝面前议论时政，名声更大了，也引起了一些官员的不满。后来他辞职了，在洛阳讲学。

当时有一个读书人叫杨时，中了进士后，还追随程颢研究学问。程颢去世后，他又投到程颐门下继续学习。虽然已经四十岁，但他还是谦虚谨慎。

冬日的一天，杨时和同伴游酢去请教程颐，恰逢程颐在闭目养神。杨时不忍心打扰老师休息，就和游酢站在门外等候。天越来越冷，雪也越下越大，积雪有膝盖那么深了。几个书童走过来，惊讶地叫道：“快看，这里有两个雪人。”

“谁堆的雪人啊？ 像真人一样。”一个书童还朝“雪人”踢了一脚。

杨时笑道：“你不要踢。我们不是雪人！再踢，我们就成流血的人了。”

程颐醒来，非常感动地说：“雪下得这么大，你们居然还站在门外等我。”

杨时和游酢鞠躬说：“我们有问题请教您，等您多久都是应该的。”

近义词：
尊师重道

反义词：
欺师灭祖

酣睡必不可少，
闭目养神也别有风味。
程颐
我们御寒全靠发抖，
老师起床全靠大吼。
游酢
不是雪人啦！
但是再踢就要成
“血人”了！！
哇！是“扮雪人”游戏？
杨时
抖抖
抖抖
抖抖
踢！

chǒu tài bǎi chū
丑态百出

各种各样的丑恶样子都表现出来了。

唐中宗李显是武则天的儿子，却没有武则天那样的本事，皇后韦氏也瞧不起他。男弱女强的局面，用现在的话来说就是：“男的才考科目一，女的开着战斗机。”

中宗大半生都活在武则天的阴影中。他刚当皇帝两个月，武则天就发话说：“你做皇帝试用期还没满，我的评价是不合格，要跟你解除劳动合同。”

之后中宗和韦氏被软禁在湖北（据说是在有野人出没的神农架一带），长达十四年。他经常在噩梦中哭喊着醒来，甚至想去做亲子鉴定，看看自己到底是不是武则天亲生的。后来回到洛阳时，他兴奋得三晚没有睡着，仿佛神农架的野人终于进化成人了。

当武则天病得快要死时，他得知大臣们准备发动政变逼武则天把皇位让给他，高兴得跳了起来：“这下好了，亲子鉴定的费用都省了。”

他对韦后说：“苦，我们已经吃够了。大唐皇帝的生活，就应该像糖一样甜。”

中宗下岗再就业，重新坐上皇位后，并没有忙着治国理政，而是把这些“破事”扔给了韦皇后，好像要培养第二个武则天。他们的女儿安乐公主也是个小武则天，喜欢玩弄权术，野心勃勃。中宗一边开着“武则天培训班”，一边忙着纵情享乐，每天早上醒

来就问："今天玩点啥开心的呢？快把节目单拿来看看。"

冬天，他穿着毛皮大衣看别人玩泼水比赛。那些人被冻成了冰雕，他却开心得乱抖。他在宫里组织拔河比赛，七八十岁的大臣拔河时摔倒了，他却把他们当老乌龟般取笑。他还把宫女分成两队，让她们表演打架。

大臣祝钦明为了讨好韦皇后，在一次宴会上跳起了"八风舞"。祝钦明体胖貌丑，身材像煤气罐一样。他跳舞时，身上的每一块肥肉都在抖动。韦皇后笑得脸上的脂粉都掉了，像下了一场雪，她说："瞧他的'八风舞'，能数出一百种丑态。"

中宗喜欢玩弄人，也被人玩弄了。某年正月，中宗和韦后微服私访，去宫外灯会游玩。韦后让几千名宫女扮作游客陪他们。结果，很多宫女都溜之大吉，不再回宫。显然她们对这个活宝皇帝已经忍无可忍了。

那个时期，丑态百出的绝不是祝钦明一人。韦后和女儿安乐公主等人也是丑态百出。她们在试图成为武则天的道路上一路狂奔，连安全带也没有系。最后她们都死于非命，"武则天培训班"就此停业。

近义词：
出乖露丑、穷形尽相

反义词：
一本正经

chū rén tóu dì

出人头地

原指应当让他高出一头。后形容超出一般人，高人一等。

宋朝是中华文明的巅峰时期之一。从唐末到五代十国都是武人跋扈，黎民痛苦。于是赵匡胤建立宋朝后压制武将，重用文人。宋真宗曾忍不住劝学：“太阳都晒屁股啦，赶紧起来读书吧，读好书才能做大官。书中自有黄金屋，书中自有颜如玉。”

唐朝的科举，人们还可以攀附显贵，走走后门，但到了宋朝，科举就严格多了，考卷要糊名，还要让人重新誊抄一遍，以免考官认出考生笔迹。起初范仲淹等人反对糊名，但经过实践检验才发现，糊名比原来公平多了。

“唐宋八大家”中，苏洵和儿子苏轼、苏辙就占了三席，可谓风光无限。

苏轼、苏辙兄弟于同一年考中进士。那年的主考官是欧阳修，看了苏轼才华横溢的文章，觉得应该评为第一名。可是，他又担心这篇文章是自己的学生曾巩写的，为了避嫌，就评了第二名。欧阳修后来说：“读苏轼的文章，真是痛快得像出了一身汗。我应该给他让路，放他出人头地。”

苏轼兄弟后来又参加制科考试，苏轼考了第一名。仁宗看了他俩的文章，高兴地对皇后说：“我今天为儿孙们找到了两个可做宰相的人——苏轼和苏辙，他们太有才了。”

仁宗之后的神宗，也是苏轼的粉丝。一天，神宗边吃饭边欣赏苏轼的作品，不禁赞叹说：“太可口了，苏轼……”

侍从惊呼：“您把苏轼吃啦？”

神宗笑道：“我是说苏轼的诗词，看了令人酣畅淋漓。”

苏轼一生起起伏伏，当过大大小小许多官，但没能当成宰相。苏辙官至副宰相，算是没让仁宗的预言落空。但是苏轼仅凭文学上的成就，就足以光耀百代了。

近义词：
高人一等、出类拔萃、头角峥嵘、超群出众

反义词：
碌碌无为、平淡无奇、久居人下

cǐ dì wú yín sān bǎi liǎng
此地无银三百两

比喻本来想要隐瞒掩盖，结果反而暴露。

牛头镇马面村的张三，意外地继承了伯父的一笔遗产，高兴得三天都没有睡着。他的眼睛像烧红了的煤球，脸浮肿得像被鞋底“啪啪啪”地打了几百下。他的母亲担心地说：“你再这样不睡觉，身体会垮掉的。你伯父的遗产，就要变成你的遗产啦！”

“我要是有一百个伯父就好了。每个伯父给我三百两银子，我还用得着干活吗？”

可是，把这些银子藏在哪里最安全呢？张三觉得埋在地里最好，小偷才不会去地里乱挖呢。

一个月黑风高的晚上，张三在屋后的空地上挖了个深坑，把银子埋进去。回到屋里，一想到能过上好日子，他激动地流下了眼泪。他仍然会住在牛头镇马面村，但是再也不会过牛马一样的日子啦。母亲用抹布（不讲卫生呀）替他擦掉眼泪，又说：“好了，别激动了。洗个小脚脚，睡个小觉觉。”

“为什么我的眼里饱含泪水，因为我对这片土地爱得深沉。爱得深，坑也挖得深。”张三好像在朗诵诗歌。

睡下后，张三还不放心。埋银子时，他总感觉远处草丛里有个黑影在偷看，万一那人来刨坑呢？张三又赶紧起身，在木板上写了“此地无银三百两”七个字，跑到屋后，将木板插在埋银子的地方。

“母亲，银子埋好了。我还留了字：此地无银三百两。”

“很好，写得简洁清楚，智力障碍者都能看懂。”

其实，那天晚上并没有什么黑影。过了几天，邻居李四看见了那个木板，就偷偷地把银子挖了出来。李四临走前也在原地立了个牌子，上面写着：对门李四未曾偷。

近义词：
欲盖弥彰、
弄巧成拙、
不打自招

反义词：
不露声色

儿子，你太聪明了！
哈哈~
张三
李四
???
此地无银
三百两！！
什么东西？

dōng shān zài qǐ

东山再起

指隐退后重新出来担任要职，或失势后又重新恢复地位。

唐朝的刘禹锡有诗云：“旧时王谢堂前燕，飞入寻常百姓家。”其中的“王谢”，就是六朝时有名的王、谢两大家族。

谢安是历史上著名的大政治家。四岁时，别人见了他，就觉得他很有风采，言谈敏捷，还有超出同龄小孩儿的沉着从容。

少年时的谢安，就被宰相王导器重，但他总找借口，推辞各种官职。他隐居在会稽郡的东山，和王羲之等名流交往。他有时打猎捕鱼，有时吟诗作文。谢安曾和朋友泛舟大海，风起浪涌的时候，别人吓得把吃下去的螃蟹都吐出来了，生怕泰坦尼克号事件提前上演，只有谢安若无其事，在风浪中保持风度，好像自己不是在船上，而是在床上午休。

看他生活得很淡然，有些当官的人就很不淡定了。他们愤怒地说：“很多人哭着喊着想当官还当不了，谢安倒好，我们哭着喊着求他当官，他不当。”

“谢安把自己当一朵花，我们成了小蜜蜂，只能围着他转。”

四十多岁后，他才在大将军桓温那里任司马。因为以前他只担任过短期的官职，大部分时间都隐居在东山，所以人们形容他这次跟随桓温是“东山再起”。

近义词：
卷土重来、重整旗鼓

反义词：
一蹶不振、一败涂地

谢安最大的功绩，是作为总指挥打赢了“淝水之战”。前秦的苻坚率领百万大军南下，想吞并东晋。谢安指挥若定，以少胜多。捷报传来时，谢安正在下围棋。直到下完棋，客人走了，他才抑制不住喜悦，跳着舞走进房间，把鞋都跳坏了。

“淝水之战”的胜利使中原文化继续“衣冠南渡”，得以延续，并直接影响到此后的隋、唐等王朝的精神气质。谢谢你，谢安。

dōng shī xiào pín
东施效颦

比喻自身条件不足，盲目效仿别人，结果适得其反。

西施是越国的美人。她和王昭君、貂蝉、杨玉环并称为“中国古代四大美女”。古人赞扬美女容貌常用“沉鱼落雁”“闭月羞花”一类的词，其中“沉鱼”说的就是西施的故事。

据说她在河边洗衣服时，清澈的河水映照着她的身姿，鱼儿看见了，竟然忘记了游水，渐渐沉到河底。

人们见了她，也会忘记很多东西，比如忘记自己叫什么，忘记自己要去哪里，忘记此地是人间还是天堂。

西施有心口微痛的毛病。每次这病发作时，她都会轻皱眉头，有一点哀怨。她的哀怨是一块橡皮，村民们见了她，日日的辛劳全都被擦干净了。

一天，西施又轻轻地皱着眉在村里走过，被正在田里练铅球的东施看见了。东施就像被一道闪电击中，浑身颤抖。对于美，她仿佛突然开窍了。她擦掉一脸油汗，迫不及待地跑回家。

她穿上自己最好的衣服，脑子里全是西施的样子。她在镜子前扭了扭腰身，做出捂胸口的姿势，她依稀体会到了西施那种如烟似雾的愁怨。

“怪不得人们说，姿势（知识）改变命运。”

几天后，在夕阳最美的时刻，东施从集市上回家。她捂着胸口，眉头微蹙，脚步很轻。她走三步，才抵得上以前的一步。

“这，这是东施吗？”远处有人疑惑地问道。

“那张脸还能认错啊！可走路姿态又不像，她在搞什么鬼？”

“她怎么有气无力的，好像一年没吃饭了似的。”

“不对呀，昨天我还看见她吃了一只烤羊腿，十张大煎饼，八碗饭。”

村里的富人正要出去，见东施怪模怪样地走来，吓得赶紧缩回去，闭门不出。迎面走过来的穷人，见东施这么反常，也立刻拉着妻子和孩子绕到另一条路上去了。

东施一生中最风光的时候，是她结婚那天。乡亲们都来庆贺，因为她婚后整天都要忙于家务，再也不会出来招摇啦。乡亲们看东施搞怪的苦日子也从此过去了。

近义词：
邯郸学步、画虎类犬、弄巧成拙

反义词：
标新立异、别开生面、另辟蹊径、独出心裁

duì niú tán qín
对牛弹琴

比喻对不懂事理的人讲高深的理论，或者说话、做事不看对象。

战国时的公明仪，自幼有音乐天赋，但家里很穷，没钱买乐器，他只能靠用筷子敲锅碗瓢盆来奏乐。邻居们听见他敲锅碗的声音，都嘲笑说："这就叫穷得叮当响。"

公明仪后来成了音乐家，他一天不弹琴，就难受得像三天没吃饭。有一次他对牛弹琴。他先弹了一首非常缓慢的曲子。牛不屑一顾，自言自语地说："这是对牛弹琴？这是对蜗牛弹琴吧！节奏太慢了。"

公明仪又弹了一首让人联想到流水的曲子。牛还是不屑一顾，自言自语地说："这是对水牛弹琴，可我是正宗的老黄牛啊！"

他又弹了一首温柔的曲子。牛仍然不屑一顾，自言自语地说："这是对母牛弹琴，我可是公牛啊！"

他最后只得用琴模仿吸血牛虻的"嗡嗡"声，牛听到后立刻甩起尾巴，做出扑打牛虻的动作。他又用琴模仿小牛犊"哞哞"的叫声，牛立刻竖起耳朵，挪着碎步左看右看，好像真的在寻找小牛。他得意地想：这下我可算是牛的知音了吧！

没有这头牛，现在的人们也不会知道公明仪。公明仪应该感谢这头牛。

近义词：
无的放矢、鸡同鸭讲、自说自话

反义词：
有的放矢

我可是
大音乐家啊！
奋力
演奏
公明仪
耳塞
一头牛的
心事，并不比
少女更少。

fēng shēng hè lì
风声鹤唳

听到风声和鹤鸣，就怀疑是追兵。形容惊慌疑惧。

前秦时，年轻的苻坚统一了中国北方，于是决定南下拔掉东晋这个钉子户。他的职业是皇帝，爱好是统一。

前秦可不是秦始皇统一中国之前的一个朝代，而是西晋灭亡后东晋十六国时期的一个政权。

苻坚号称领兵百万南下。他自恃兵多将广，士兵们把马鞭丢到长江里，长江就会堵塞断流。他的军队驻扎在淝水边上，和东晋军队隔岸对峙。他还让官兵整天在江边唱歌：“马在叫，风在吹，谢玄是个大乌龟！”

东晋的前锋指挥是谢玄，他是总指挥谢安的侄子，真是将门出虎子。他听到歌声，笑道：“苻坚不过是走夜路吹口哨，给自己壮胆罢了。”

谢玄又派人传话：“你们是来打仗的，不是来旅游的，躲在淝水对岸干什么？不如你们后退一点儿，让我们过河，我们打个痛快。”

苻坚答应了，指挥前秦军后撤。前秦军士气低落，像热锅上的蚂蚁乱作一团。晋军趁机进攻，还在混乱中大叫：“前秦军败了！”

“养肺千日，用肺一时，考验大家肺活量的时候到了，快跑啊！”

前秦兵们比拼着肺活量，争相逃命，都恨爸妈没多生几条腿。

逃跑途中，哪怕是听到风声和鹤鸣，前秦兵都心惊肉跳，以为东晋的追兵来了。

“淝水之战”后，前秦元气大伤。原本统一的北方，也像被切成小块的比萨一样四分五裂了。

近义词：
草木皆兵、杯弓蛇影、疑神疑鬼

反义词：
泰然自若、若无其事

负荆请罪
fù jīng qǐng zuì

背着荆条请罪。
表示主动向人认错道歉，请求责罚。

战国末期，蔺相如不辱使命完璧归赵，被赵惠文王封为上大夫。几年后，秦赵两国交战，秦王约赵王在渑池和谈。蔺相如又随赵王去渑池，他犀利的言辞就像机关枪一样向秦王扫射，最终灭了秦国的威风，保全了赵国的颜面。

回国后，蔺相如被封为上卿，比大将军廉颇的地位还高。廉颇把他当绊脚石，发现这块石头的升迁势头越来越疯狂。廉颇不高兴地对下属说："我这个将军的身份是靠打仗打出来的，脑袋随时可能搬家；蔺相如就是耍耍嘴皮子，怎么地位比我还高呢？"

下属说："蔺相如吹牛吹大发啦。有人说他上嘴唇贴着天，下嘴唇挨着地。"

"那他的脸在哪儿呢？"廉颇疑惑地问。

"丢了呗。"

"哈哈，"廉颇大笑，"吹牛如果要交税，他会成为赵国第一纳税大户。下次看见他，你们看我怎么让这个纳税大户丢脸。"

"疯狂的石头"蔺相如听说了廉颇的不满，经常和他玩躲猫猫。蔺相如经常借口生病，不去上朝，不想和他争位次的高低。有时外出，远远看见廉颇，他也调转车头，就像躲避瘟疫一样。

门客们觉得蔺相如胆子太小，为他感到羞耻，要离他而去。蔺

相如说：“我连秦王都不怕，怎么会怕廉将军呢？正因为赵国有廉将军和我，秦国才不敢攻打我们。如果我和廉将军斗个你死我活，受伤害的是赵国，高兴的是秦国啊！”

廉颇听说了蔺相如的良苦用心，幡然醒悟。他脱去上衣，背着荆条，到蔺相如的门前请罪。仆人看见一个肌肉男找上门，赶紧跑去报告：“门外有人光着膀子求见。难道赵国要搞健美比赛？”

等蔺相如到了门外，廉颇立刻上前道歉说：“别看我的胸肌很大，但是我的心胸太小了，远远不如您啊。”

“我们玩玩脱口秀就行了，脱衣秀还是算了，小心别着凉了。”

从此，他们的关系变得非常好。在赵国人的印象里，两人就像被胶水粘住了，总是在一起。用一句歌词来形容他们就是：举杯痛饮，同声歌唱友谊地久天长。

近义词：
知过必改、痛改前非

反义词：
文过饰非、怙恶不悛、兴师问罪

gǎi guò zì xīn
改过自新

改正错误，重新做人。

汉文帝在位的时候，皇太子刘启和吴王刘濞的儿子喝酒下棋，发生了争执。刘濞的儿子是暴脾气，不知退让，皇太子一怒之下，失手打死了刘濞的儿子。“下棋应该是智力运动，怎么变成拳击运动啦？”皇太子惊魂未定。

高祖刘邦在世时，就觉得刘濞面有反相。现在儿子被打死，刘濞的不满应该会更加强烈。文帝将刘濞儿子的遗体运回吴国，刘濞又将遗体送回长安。皇太子很着急地说：“吴王难道是要把尸体当礼物送给皇上吗？”

刘濞回答：“天下都是老刘家的，死在哪里就埋在哪里吧！”

从此，刘濞不顾礼节，称病不去朝见皇帝，一别长安二十年。有人对文帝说：“吴王不敢来见您，是怕您抓住他问罪。”文帝于是将几案和手杖赐给刘濞，说他年纪大了，可以不来长安见皇帝。

文帝是想给刘濞改掉过错、重新做人的机会，但刘濞还在打自己的算盘，觉得有底气和

中央政府抗衡。吴国很富有，有铜矿和海盐，还能自己铸钱。刘濞喜欢接纳亡命之徒，美其名曰：要给他们提供施展“捣乱才华”的舞台。

景帝即位后，采纳晁错的削藩方案，削掉了吴国的豫章郡和会稽郡，相当于拿掉了吴国的钱袋子。刘濞被激怒了，想谋反，他的文学侍从枚乘警告说，谋反就像是在一根头发上挂了千钧重物，非常危险。刘濞固执地说：“你看我这一头茂密的秀发，丢几根有什么大不了的！”

于是，刘濞联合其他诸侯国，以“诛晁错，清君侧”为名一起发兵，史称“七国之乱”。这起祸乱后来被名将周亚夫平定。刘濞不光掉了头发，还掉了头。他的封号，也被废除了。

近义词：
痛改前非、洗心革面、改邪归正、脱胎换骨

反义词：
执迷不悟、怙恶不悛

gǒu wěi xù diāo
狗尾续貂

拿狗尾代替貂尾。后用来讽刺封官太滥。也比喻用不好的东西接在好东西的后面，前后不相称。

西晋开国皇帝司马炎抄袭汉朝制度，封了很多同姓王，最终导致“八王之乱”。

晋惠帝司马衷是历史上有名的糊涂皇帝。有一年闹灾荒，许多百姓吃树皮都成了奢侈。晋惠帝听了大臣们的汇报，不解地问道：“老百姓傻啊，为什么不吃肉粥呢？”

苍蝇不叮无缝的蛋。眼看君王无能，宫廷混乱，赵王司马伦趁机率军攻进洛阳。后来他又得寸进尺，篡位谋反，搞官场大洗牌。凡是和他作对过的官员都被他当有害垃圾处理了。但他因为能力不行，只能靠封官来收买人心。帮他篡位的人都被重用，连仆人也得到了爵位，卖马的商贩都能娶河东公主。当时有人嘲笑说：“王爷比狗还多，吐口唾沫能淹死十个军官。”

当时的官帽要用貂尾做装饰。因为司马伦封官太多，貂尾都不够用了。于是，他下令多捕貂，结果发现貂不配合，舍不得自己的尾巴，见人就跑。最后，他们实在没办法，只能用狗尾代替貂尾。狗腿子官员戴着狗尾巴官帽，倒也很相配。

司马伦还没把皇位坐热，又被其他王爷赶下了台。“何不食肉糜”的惠帝重新上台，赐了司马伦一杯毒酒。他觉得没脸见人，死前自己用布遮住了脸。

近义词：
鱼目混珠、滥竽充数

反义词：
锦上添花、画龙点睛

gù yǐng zì lián

顾影自怜

看着自己的影子而怜惜自己。形容孤独失意，也形容自我欣赏。

陆机是西晋时期的大文豪和大书法家。他出身于江东大族，祖父陆逊曾参与奇袭荆州，后任大都督，又在“夷陵之战”中火烧连营击败刘备。三国归晋后，陆家作为失败方的一员地位大降。陆机不甘心门第和孙吴政权一同被湮没在历史的烟尘中，于是在华亭的祖宅里闭门苦读十年。

后来陆机和弟弟陆云一起北上洛阳，希望干出一番光宗耀祖的事业。旅途中，陆机写了两首诗，其中一首的最后两句是：伫立望故乡，顾影凄自怜。历史波诡云谲，先辈荣光不再，陆机如同离群的孤雁，前途迷惘。

洛阳的高官大族很歧视作为“亡国之臣”的陆机兄弟。幸亏文坛领袖张华和他们一见如故，热心地为他们提供了许多机会。

他们后来和号称“千古第一美男”的潘安、“闻鸡起舞”的刘琨、“洛阳纸贵”的左思、“富可敌国”的石崇等人组成了一个小团体，经常在大富豪石崇的金谷园内聚会豪饮，号称“金谷二十四友”。石崇的生活糜烂变态，和这样的人在一起，不能不说是陆机人生中的污点。

西晋末年是个乱世，陆机身如浮萍，他只能不停地变换靠山，但靠山却像多米诺骨牌般纷纷倒下。他整天在鬼门关外徘徊，既对自己投身肮脏的权力斗争感到羞

耻，又觉得为了重振家业必须忍辱负重。

陆机的同乡张翰在秋风乍起的时节，因为思念家乡的鲈鱼和莼菜羹的美味，弃官回乡。“鲈鱼堪脍”“莼鲈之思”更成为典故和千载美谈。但陆机不甘心空手而归，陷入了权力斗争的漩涡无法自拔。

后来成都王司马颖任命他为河北大都督。他以为自己可以像祖父那样建立军功，结果在和长沙王司马乂作战时，被打得丢盔弃甲。司马颖怀疑陆机要叛变，于是下令诛杀他们兄弟。陆机悲哀地说：“我想在乱世浑水摸鱼，最后却发现，我才是那条鱼啊！”

陆机的墨迹保存至今。他的《平复帖》备受推崇，现收藏于故宫博物院。国画大师张大千曾说，只有熏香更衣，才能一睹《平复帖》。

近义词：

形影相吊、孤芳自赏

反义词：

顾盼自雄、不可一世、妄自尊大、得意忘形

刮目相看
guā mù xiāng kàn

改变旧印象，用新眼光看待别人。

吕蒙是东汉末年东吴的名将。十五六岁的年纪，现在的孩子们还在忙着上课外辅导班呢，吕蒙就已经将脑袋拴在裤腰带上，参军打仗了。别人笑话他：“打仗可不是春游。你是不是嫌身上肉太多，想让敌人砍几刀减减肥啊？”

吕蒙当时瘦得像电线杆，再砍几刀减肥，就成人体骨骼标本了。

他打仗可不是为了减肥，而是为了找碗饭吃。他少时家贫，牛是见过的，但牛奶从没喝过，更别提吃牛肉了。

因为善于抓住机会、随机应变，吕蒙渐渐被东吴的孙权重用。在孙权的多次劝告下，吕蒙决定好好读书。他发现时间就像海绵里的水，只要挤，总能挤出来。他练就了“屁股神功”，一坐就是一天，书越读越有味道。如果用他读过的书当燃料，那么足够把曹操火化十遍了。

鲁肃是当时有名的儒将，他以前认为吕蒙是个武夫，有些轻视他。有一次，他途经吕蒙驻地，两人相见了。吕蒙笑道：“我出个脑筋急转弯，你猜猜看：什么话说了，自己听不见，别人听得见？”

被一个武夫出题考试，鲁肃不太高兴。他说：“我连日劳累，你的脑筋急转弯会让我的脑筋大翻车。”

“答案是梦话。我前几天说梦

话，竟然把《易经》背了一遍。”

鲁肃很惊讶。《易经》可不是容易背的经啊。后来两人谈起如何对付关羽，吕蒙说得头头是道，还提了几条建议。鲁肃看他说得这么有道理，十分惊讶，差一点儿以为认错人了。他赶紧躲到屏风后，狂做了几遍眼保健操，出来再次相看，发现确实是“货真价实”的阿蒙啊！鲁肃最后说：“我发现，你已经不是从前的吴下阿蒙了。”

吕蒙说：“有志气的人，每天都在进步。几天没见，你就要擦亮眼睛重新看待了。来，我这里有一瓶眼药水，是专门明亮眼睛的。”

近义词：
另眼相看

反义词：
等闲视之、不屑一顾

光明磊落

guāng míng lěi luò

形容光明正大，胸怀坦荡。

石勒是后赵的开国皇帝，也是中国历史上唯一一个奴隶出身的皇帝。在出身低微上能和他相提并论的，只有明朝的开国皇帝朱元璋了。

传说石勒出生时红光满屋，白气从天空降落到院子里。好像老天爷是个化学家，石勒是他新合成的“特殊材料”。十几岁时，石勒和同乡的小伙伴到洛阳做小买卖，乡村野小子到了繁华都市，激动得高声呼喊，好像男高音歌唱家帕瓦罗蒂。时任尚书仆射的王衍正好路过听到，脸色大变，对身边的人说：“那个小孩儿的声音，我感觉不同凡响，很有些志气，只怕将来会成为国家的祸患。”

王衍赶紧派人去抓石勒，但他已经消失在人流里。西晋末年有“八王之乱”，社会动荡，老百姓好像每天都在坐过山车，提心吊胆的。石勒过着温饱都顾不上的生活，并一度被卖为奴。他说：“光脚的不怕穿鞋的，反正我也没什么怕失去的，还不如带着一些牧民从军打仗呢！”石勒很会打仗，攻打敌人就像厨师料理鱼肉一样得心应手。后来他投靠汉王刘渊，当上了将军。

当年一眼看出石勒是“特殊材料”的王衍，后来率领晋军讨伐石勒，战败之后被俘虏。石勒看重王衍是一代名士，但见他对西晋失败一事推卸责任，就怒斥他说：“你年轻时就身居西晋高位，做官做到满头白发，怎么能说西晋的失败和你无关呢？你以为你行事潇洒，其实是不要脸。”

石勒不忍心用刀杀王衍，命令士兵半夜推倒墙壁把他砸死。王衍临死前说：“我觉得我一生都很要脸，但石勒说我不要脸，脸这玩意儿，到底是什么呢？”

“脸面绝不仅仅是鼻子旁边的两片肉。”石勒手下的将士说。

石勒在连年的战火里大展身手，后来建立后赵。有一次，他和大臣们聊天，谈到对自己的评价，他说：“如果我遇到刘邦会表示臣服，然后和韩信这样的人一起争先立功。如果遇到刘秀，我会和他一争高下，鹿死谁手还不一定。”

“大丈夫做事情就应该光明磊落，可不能像曹操、司马懿这样为人处事，靠欺负人家孤儿寡母夺天下。”

石勒的儿子石弘温柔斯文，不像将门之后。而中山王石虎嚣张跋扈，权倾一时。有大臣建议石勒清除石虎的势力，否则石弘继位后可能皇权旁落。但“光明磊落”这四个字似乎已经成了石勒的精神鸦片，他始终没有采取行动。石勒病重后，石虎就控制了他，旁人无法靠近。石勒死后，石虎大权独揽。当了一年木偶皇帝的石弘后来也被石虎杀死了。

石勒倒是完成了他“光明磊落”的执念，但他建立的后赵却在变态凶残的石虎的摆布下，陷入了无边的黑暗中。

近义词：
光风霁月、光明正大、表里如一

反义词：
居心叵测、鬼鬼祟祟、阳奉阴违、心怀鬼胎

裹足不前（guǒ zú bù qián）

脚像被缠住了，不能前行。
形容有所顾虑而不去做某事。

战国末年的李斯年轻时做过芝麻大的小官。有一天，他在茅厕里看到老鼠在找东西吃，遇见人来了就仓皇逃窜。他又想到粮仓里的老鼠，个个吃得肥头大耳，还能无忧无虑地在米堆里玩耍。他感叹说：“老鼠吃得好不好，全看它身在何处。一个人过得好不好，也要看身处的环境。人啊，一定要抓住机会，找到属于自己的舞台。”

李斯不屑于当个小官，便辞职跟随荀子学习治国之道。后来，他到了秦国，受到相邦吕不韦的器重，被秦王嬴政封为客卿。

韩国人担心韩国被秦国消灭，于是心生一计。他们派水利工程师到秦国，鼓动秦国修建水渠，以此来削弱秦国的人力物力，使秦国无力攻打韩国。其他各国也纷纷派间谍去秦国刺探情报搞破坏。秦王恼火地说：“这些坏家伙跑来让我修建水渠，原来是希望我脑子进水，好给他们留条活路啊！”

于是，秦王决定下逐客令。他说：“我要打扫房间了，把所有来客都赶走，让他们各回各家，各找各妈吧。李斯也不例外。”

李斯的行李箱早送人了，如果非走不

可，就得把二十双鞋都穿在脚上，可他没有蜈蚣那么多脚啊。他给秦王写了一封信，劝秦王不要真的赶人走。信里说：“秦穆公得到百里奚，秦孝公得到商鞅，秦惠王得到张仪，秦昭王得到范雎，都增强了秦国的力量。这些人曾经可都是客卿啊！如果当初这四位君王也下逐客令，你接手的秦国，还能像现在这样强大吗？你现在赶人走，天下的英才们以后就像脚被裹住了，不敢来秦国，这不是正好帮助了其他国家吗？”

秦王采纳了李斯的建议，取消了逐客令。李斯仍受到重用，被封为廷尉。

李斯辅助秦王统一六国后，对经济和文化等方面的发展都做出了卓越贡献。无论是统一度量衡，统一文字和货币，还是统一车轨、广修驰道，都有他的功劳。

近义词：
踟蹰不前、故步自封、停滞不前、畏缩不前

反义词：
乘风破浪、一往无前、勇往直前

hài rén tīng wén
骇人听闻

使人听了非常震惊。

隋朝的王劭酷爱读书，记忆力极好。他的眼睛就像数码相机，看过的书就像拍照存储了一样。别人对书里的内容有疑问，都会来问他。

隋文帝杨坚让王劭撰修《起居注》，记录皇帝每天的言行，甚至包括吃了什么，拉了什么，朝谁翻了白眼，朋友圈赞了谁……

杨坚是以外戚身份取得天下的。所有篡国登基的人，都希望在别人眼里自己是天命神授的真龙天子。王劭很会揣摩文帝的心思，想尽办法拍马屁。在他的笔下，文帝出生时产房里布满红光，庭院里全是紫气，甚至把人们的衣服都染紫了。王劭还在朝堂上当众夸耀文帝的相貌，他说："圣上的头上有一块突起的地方，这就是古籍上记载的高阳帝颛顼的相貌啊！"

文帝每天都吃王劭投喂的"马屁糖"，心里甜得不亦乐乎，马上封他为著作郎。于是他变本加厉，对文帝的吹捧可以说是全方位、全天候、无死角。

有一晚，文帝做了一个梦。他解梦说，这个梦大吉大利，是文帝长寿的征兆。文帝心花怒放，可没过多久文帝就再也体会不到

这种“马屁糖”的甜蜜了。王劭拍了一生马屁，这是唯一拍错的一次，但好在文帝已经不能找他算账了。

王劭喜欢到处采集民间歌谣和荒诞不经的故事，例如母猪生了一头小牛啦，老鼠爱上了猫啦。有的文字鄙陋，不伦不类，甚至可以用骇人听闻来形容。

他读书入迷，吃饭的时候也经常闭目思考。盘中的肉菜被仆人偷吃了，他都不知道，经常睁开眼很惊讶地问：

“咦，盘里的肉呢？”

“被老鼠偷吃了吧。”

“老鼠大白天都这么猖狂啊？”

“隋朝是神奇的朝代，所以老鼠也是神奇的老鼠。”

“你这话说得好，拿笔来，我要写进历史。”

近义词：

耸人听闻、危言耸听

反义词：

不足为奇、司空见惯

hán dān xué bù
邯郸学步

比喻模仿不成，
反而失去自己原有的长处。

邯郸是战国时赵国的都城。相传邯郸人走路，姿态挺拔潇洒，自有风流神韵。外地人都很是赞叹和仰慕。

燕国寿陵有个少年，总觉得自己全身都是优点，唯一的缺点是走路不够潇洒。于是他决定去邯郸学习走路。

“如果走路好看了，所有的女孩子都喜欢你，那不是也很麻烦吗？”他的父亲自有想法。

“你以为我贪慕虚荣啊？不是的。我是想，所有国家的女孩子都喜欢我的话，就都会支持我反对战争的主张，最后可能促成国家和平统一啊！”

“我儿抱负不凡，真是奇男子。”父亲不禁对儿子清奇的脑回路肃然起敬。

少年到了邯郸城，次日一早就在繁华街市上观察行人。很多邯郸人走路的姿态的确好看，而且各有不同的特点。男人的步态，有的豪放不羁，有的潇洒风流，有的斯文柔弱。女人的步态，有的泼辣矫健，有的温柔娇弱，还有的灵动轻盈。

他一会儿跟在这个人后面模仿，一会儿又跟

在那个人后面模仿，感觉受益良多。他想，如果我把所有人的优点都学到，那我就是走路最好看的人了。一个小孩儿跟在他后面走了很久，他转身问这个小孩儿：

“你是想要我的签名吗？”

“不，我只是想借你的影子躲一躲，阳光太强了。”

留在他脑子里的步态实在太多，他想学的优点也太多了，他已经痴迷到快要废寝忘食的地步了。几天过去了，他感觉脑子里一团糨糊，手脚生疏得就像刚组装上去的，十分不协调，走路的感觉也十分奇怪，甚至还撞到了树上。

他不但没有学会邯郸人走路的姿态，反倒连自己原来走路的样子也忘记了，最后只能爬着回家。

刚出城，忽然有个小伙子小跑着追过来喊道：“师父，我觉得全世界你走路最帅，能不能教教我？”

“是什么让你产生这么独到的审美？”他趴在地上苦笑。

“我想学马戏。我觉得你比马戏团的小丑走得精彩多了，请您收下我这个徒儿吧！”

近义词：
东施效颦、画虎类犬、寿陵失步

反义词：
标新立异、别具一格、取长补短

好好先生
hǎo hǎo xiān sheng

不问是非曲直、只求相安无事的人。

东汉末年，有个叫司马徽的隐士，人称“水镜先生”。他学识广博，清高脱俗，善于识人，诸葛亮和庞统就是他向刘备推荐的。

司马徽也被后世称为“好好先生”。他从来不说别人的缺点，无论大家跟他说什么，他都表示肯定。曾经有一个人跟他说：“我的儿子死了。”

司马徽竟然回答：“好，好。”

他的妻子批评他：“你是不是缺心眼啊？人家认为你品行高尚，信得过你，才跟你说他的儿子死了，你应该表示同情啊，怎么能说好呢！”他想了想说：“你说的话嘛，也挺好，也挺好。”

还有一次，邻居丢了一头猪，跑到他家里，指着一头猪说：“你家这头猪就是我丢的那头，你应该还给我。”他无所谓地说：“你说是你的，那就是你的吧！”

过了几天，邻居找到了自己丢的那头猪，就把司马徽家的猪送来还给他。他又无所谓地说：“你说不是你的，就不是你的吧！”

司马徽大概是不想在诸如油盐酱醋的琐事上消耗精力，才经常表现出无所谓的超然态度。他把省下来的时间都用来读书，在书海中思考人生、探索人间。刘备想请这位“好好先生”帮他打天下，他拒绝了。曹操也想重用他，可惜他不久就因病去世了。

近义词：
一团和气、明哲保身、相安无事

反义词：
明辨是非、仗义执言

别人家儿子死了……
呜呜，我儿子死了……
好，好。
也不知道猪是不是自家的……
这是我丢的猪，你应该还给我。
???
好，你说是就是。
不好意思，我搞错了。
好，好。
开朗
永远的“好”
你说的话，也挺好，也挺好。
你这是缺心眼吧！

何足挂齿

hé zú guà chǐ

不值得说。多用于自谦。

秦朝时，叔孙通因精通儒术被召进朝廷。陈胜、吴广在大泽乡起义后，秦二世胡亥召集身边的人问道：“陈胜这些人攻下了蕲县和陈郡，你们说该怎么办？”

儒生们都说：“兴师动众就是造反，造反就要派兵剿灭。”

只有叔孙通说：“天下刚统一，民间的兵器都被销毁了，这些人有什么能耐？不过是一些鼠窃狗偷的小毛贼，根本不值得放到嘴上说。我相信各地官兵很快就能将他们捉拿归案。”

胡亥转怒为喜，他最讨厌听到不悦耳的话，这会糟蹋他的好心情，于是，他就将那些说陈胜造反、天下要乱的人都抓进了监狱。那些说陈胜只是盗贼的人都没事，叔孙通还得到了赏赐。他回到住所，儒生们都指责他拍马屁迎合皇帝，他说：“我不说些皇帝喜欢听的话，就会像掉进虎口里那样出不来啦！”

他其实早就预感到秦朝不可救药。他骗了胡亥后，立刻逃走，先后投奔项羽的叔叔项梁、楚怀王和项羽。他眼看项羽渐渐打不过刘邦，又见风使舵，跑去给刘邦打工。别人取笑他是个墙头草，见风使舵，没有操守，他大笑道：“对我来说，改变立场不过是家常便饭。左右逢源才是我的人生追求。秦朝垮台，关我什么事？胡亥自杀，与我何干？项羽完蛋，由他去吧！”

虽然很多人觉得叔孙通是个

狡猾的家伙，但他为儒家文化的传承做出了贡献。秦朝信奉法家学说，依靠严刑峻法治国，对儒家的那一套看不上眼。刘邦本来也很轻视儒生，但他当了皇帝后看见手下的将领们不讲礼节，根本不把天子威仪当回事儿，也很头疼。于是叔孙通参照儒家学说制定了一套朝廷的礼仪规范。从此，朝臣们举止有礼，尊卑有序，刘邦非常满意。

叔孙通可以说是儒家学说在汉朝复兴的奠基人。为了达成这一目标，干一点儿见风使舵的事，对他来说真是何足挂齿啊。直到汉武帝时期，董仲舒又提出了“罢黜百家，独尊儒术”的主张。从此，具有兼容性的儒家思想，开始受到历代帝王的推崇。

近义词：
不值一提、何足道哉

反义词：
举足轻重、大书特书、三令五申

鹤立鸡群

hè lì jī qún

像鹤站立在鸡群之中。
比喻风度或才能非常出众。

嵇康是魏晋时期著名的“竹林七贤”的精神领袖，是大作家和音乐家。他常常悠游于山泽之间，遇见他的人，都说他有仙风道骨。

嵇康的儿子嵇绍也是人中龙凤。他走在路上时那挺拔轩昂的风姿，让男女老少都为之着迷。行人们议论说：

“嵇绍是不是会巫术啊，我看他都看傻了，记不清自己是刚从家里出来，还是要回家里去。”

“嵇绍往人群里一站，真像是仙鹤立于鸡群之中啊！”

“前面这只火鸡太高了，请让一让，别耽误我看仙鹤嵇绍。”

晋惠帝时，嵇绍当过侍中。有一天，齐王司马冏等人在宫中闲聊，嵇绍穿着朝服求见。齐王说：“你会弹琴，今天给大家表演一下好吗？”

嵇绍摇头说：“做什么都有规矩。游泳要穿泳裤，上朝要穿朝服。我不能穿泳裤上朝，穿朝服游

泳。我今天穿着整整齐齐的朝服，就是来处理国家大事的。弹琴奏曲，太不合适了吧！”

“八王之乱”爆发后，司马颖一度专政。惠帝率军讨伐，在荡阴被司马颖打败，还身中三箭。侍卫们都四散奔逃，把皇帝当蝗虫一样扔了不管。只有嵇绍衣冠齐整，临危不乱，依然坚持保护皇帝，最后战死。战后，侍从要给惠帝洗衣服。惠帝糊涂一生，这次却好像被司马颖的三箭给射醒了一样，开始顾念旧情了。他难过地说：“衣服不要洗，上面有嵇绍的血，我要留着纪念他。”

一个人出身不凡是很幸运的，但更重要的是，能活得精彩，把事情办得漂亮。

近义词：

超群绝伦、出类拔萃、不同凡响

反义词：

相形见绌、平淡无奇

hú jiǎ hǔ wēi

狐假虎威

比喻依靠别人的势力来吓唬人。

一只刚成年的老虎独自闯荡江湖，健步如飞，像尾巴上挂了十颗炸弹一样，底气十足。他走过水潭，看到水中的影子，摇了摇尾巴，对自己的首秀颇为满意。

很快，午餐时间到了，可他的早餐还没解决。虎妈妈说过，老虎出门不用带信用卡，带上爪子就行。水中的鱼，天上的鸟，都像他的早餐，可就是到不了嘴边。麻雀飞过，还将一坨鸟屎拉在了他的头上。老虎生气地自言自语道：“看来，我该展示一下实力了。”

他费尽“九牛二虎之力”（是九个蜗牛加两个壁虎的力量吗），终于逮到一只狐狸。他正在考虑是红烧还是清蒸时，狐狸说：“天帝派我来当百兽之王。你敢吃我，不怕吃不了兜着走吗？”

“你如果是百兽之王，那我是什么？天帝怎么没通知我？”

“你不信啊？跟我到森林里去见识见识我的威风吧！”

老虎半信半疑地跟着狐狸。狐狸昂首挺胸地走进森林，阳光晃眼，他忍不住打了个喷嚏，见群鸟惊呆了，狐狸大喝一声：“看什么看，没见过帅哥吗？”

群鸟一哄而散。再往前走，群兽也四散奔逃。老虎先是惊讶，后来开始有点儿害怕了。狐狸察言观色，心里有数。他鄙夷地说：“以后别跟着我，你会丢我的脸。”

“怎么啦？”老虎压低嗓子讨教。

“你这张大脸不好看啊。现在流行像我这样的小脸，懂吗？”

见老虎难过地摸着脸，狐狸得寸进尺：“你这身大衣也不好看，花里胡哨的，没品位。”

“可我妈只给了我这一件大衣啊。你说话太伤人了。”老虎的世界观完全崩塌了。

“早说过了，我是天帝亲命的百兽之王，跟你说话可用不着拐弯抹角。”狐狸大摇大摆地走了。

近义词：
狗仗人势、
仗势欺人、
攀龙附凤

反义词：
刚正不阿、
独立自主

huá ér bù shí
华而不实

只开花，不结果。比喻表面好看，内容空虚，没真本事。

春秋时，晋国大夫阳处父遇见一个叫宁嬴的人。宁嬴经营旅店，衣食无忧，可以算得上是小企业家了。他见阳处父举止不凡，相貌堂堂，很佩服，就对妻子说：“我一直想找到一个聪明高尚的人，跟随他，学习他，可是这么多年都没有如愿。今天见到晋国大夫阳处父，觉得他就是我的偶像，我决定跟随他修行。”

“那我怎么办？一个人在家很寂寞。”妻子伤感地说。

“你只需忍受这一时的寂寞，但是我失去他，我的整个世界、整个人生都会寂寞黯淡了。”

况且，宁嬴对经商的生活并不满意，如果有机会能干一番金戈铁马、气吞山河的大事业，那他这个企业家，可以不要企业，也不要家。

第二天，宁嬴起得比鸡还早，心急火燎地出发了。他跑得很快，因为雾太大看不清前方，撞到了在路边等他的阳处父。他暗笑：这是不是所谓的盲目崇拜啊？

一路上，阳处父负责高谈阔论，宁嬴负责供应干粮和牛奶。阳处

父一直在吹嘘自己如何周旋于列国之间，如何率军打仗，但对宁嬴却毫不关心，和路上的人发生矛盾也毫不谦让。没过几天，宁嬴对阳处父的看法完全颠覆了。他独自回了家。妻子惊讶地问：“你这么快就学到本领了吗？”

他苦笑：“是啊，我学到逃跑的本领了。”

“你是吃不了苦吗？失败不丢人，怕失败才丢人。”

“我跟着阳处父，不光丢人，恐怕还会丢掉性命。”

他说了对阳处父的两个坏印象。一是性格太强硬，什么事都不会妥协，容易与人产生矛盾；二是虚有其表，外在看着漂亮，其实真实的才干十分有限。他最后说：“如果跟着他，我恐怕迟早会引火烧身。”

后来，阳处父果真被人杀了。宁嬴后来有没有实现抱负，历史没有记载。其实，一辈子经营旅店、照顾家人也没什么不好。有些所谓的大人物，不过是徒有其表、华而不实罢了。

近义词：
虚有其表、绣花枕头、名不副实

反义词：
名副其实、表里如一

huà shé tiān zú
画蛇添足

比喻多此一举，弄巧成拙。

战国时，楚国有个主管祭祀的官员，赏给手下办事的人一壶酒。这几个人把鼻子凑到壶口，都觉得酒香四溢。

“好香啊，我都想把鼻子扔到酒壶里。”一个人说。

“那你的鼻子就成了我的下酒菜。”另一个人哈哈大笑。

他们商量着一壶酒不够大家喝，索性让一个人喝个痛快。有人提议说：“大家在地上比赛画蛇吧，谁先画好，就让谁喝。”

大家流着口水，发了疯似的去抢笔和墨，墨汁都溅到了脸上。最先画好的是一个胖子，他一把夺过酒壶，正准备喝，见其他人还在画，就嘲笑这些人画技不行：“画画是天底下最容易的事了。我看你们画得这么吃力，你们需要的不是酒，而是补补脑子。”

为了显示他画蛇的功力游刃有余，胖子又说：“我还能给蛇添上脚呢！”

说完，胖子又拿起笔继续画了起来。这时，另一个人刚好画完了蛇，立刻从胖子手里夺走了酒壶，说：“画画的确很容易，但你让蛇长出脚，那就不是蛇了。你是得意忘形、傲慢狂妄，我是见好就收，所以恰到好处。”

近义词：
弄巧成拙、多此一举

反义词：
画龙点睛、恰到好处

呜呜，
就差一步~
我是见好就收，
所以恰到好处！
也许我本就
不该喝酒，没喝酒，
就已经糊涂了。

huáng páo jiā shēn

黄袍加身

指发动政变，夺取皇位。

唐朝以后的五代十国是大分裂时期，好在持续的时间不到一百年。

后周的周世宗柴荣是这一时期的明君，他治国有方，想统一天下。在准备北伐收复幽州的时候，他突然生病死了。他七岁的儿子柴宗训即位，由符太后垂帘听政。

禁军统帅赵匡胤，颇具文韬武略。柴荣死后，看着七岁的小皇帝要为国事操劳，赵匡胤非常“心疼”，心想：柴宗训小朋友，你先去玩会儿积木吧，当皇帝这么辛苦的工作，叔叔来帮你做。

主少国疑的时刻，边关传来急报，敌军又发兵扰边。赵匡胤率兵北上，半路上，精通占卜的将领苗训突然说：“不好了，我看见天上有两个太阳，肯定要出大事。”

当晚，大军在陈桥驿扎营休息。一些将领聚在一起商议，纷纷说：“七岁的小孩，玩乐高还可以，做皇帝怎么能行？我们还是推举赵匡胤当皇帝吧，他应该就是那第二个太阳。”

这事很有可能是赵匡胤一手导演的。他假装睡得很香。过了今晚，他就要开始另一种人生了。

待他刚起床，将领们就将一件龙袍披到他身上。他貌似很为难，非常震惊。柴荣生前待他不薄，他不想把事情

做得太难看。他说："既然你们非要让我当皇帝不可，那我就辛苦一下吧。大家伙听好了，回到京城，不许发生流血事件，保护好太后和幼主。"

大军回到京城，大体上和平地控制了局面。街上做小生意的仍然照常营业，足底按摩店还多开了几家，只是很多人可能更需要心理按摩。柴宗训对太后说："这几天我一直睡不好，担心边境要出大事。没想到边境没出事，我出事了。今年的六一儿童节，我开心不起来了。"

近义词：
称王称霸、称孤道寡

反义词：
北面称臣、大权旁落

太后悲伤地说："六一节太遥远了，元宵节的汤圆还没吃到嘴里呢。"

赵匡胤听了他们的对话，爽朗地说："你们放心吧，面包会有的，牛奶也会有的，没有了的只是皇位而已。"

柴宗训把皇位交给了赵匡胤，七岁就过起了养老的生活。

赵宋的江山是从小孩子手里抢来的，也是从小孩子手里丢掉的。"陈桥兵变"三百多年后，宋朝军队和蒙古军队在广东崖山发生大规模海战，宋军全军覆灭。丞相陆秀夫背着八岁的小皇帝投海殉国。当明月升起，十多万大宋子民的尸体漂浮在海面上。赵宋王朝三百多年的统治就此结束了。

jiā tú sì bì
家徒四壁

家里仅有四面墙。
形容十分贫穷，一无所有。

西汉著名的辞赋家司马相如，年轻时做过小官，但生活并不宽裕。四川临邛有个富豪名叫卓王孙，仰慕他的名声，邀请他到家中饮酒。贵宾们一个萝卜一个坑地都坐满了，他才姗姗而来，吊足了贵宾们的胃口。

席间，司马相如弹琴助兴，一曲《凤求凰》博得所有人的称赞。卓王孙的女儿卓文君丈夫去世后，一直在娘家居住。司马相如琴艺精妙，每一次拨弦，都能激起她内心的涟漪。当晚，她就跟司马相如走了。卓王孙发现此事后，气得脸比烤龙虾还红，他大叫："好你个司马相如，喝我的酒，吃我的肉，还骗走我的女儿！"

卓王孙以冶铁致富，家里光仆人就有上千人。他起床要十个人服务，有的弹琴，有的穿衣，有的梳头，有的按摩，有的修指甲，有的掏耳朵。如此大的家业，他怎

么可能甘心被司马相如骗走呢？于是，他决定不给女儿一分钱。

“我的热情，好像一把火，燃烧了整个成都……”

卓文君边走边唱。到了成都，她见司马相如的家里穷得什么都没有，塞几头猪进去就是猪圈，放满水就是养鱼池。她想哭晕在厕所，却发现家里连厕所都没有。她只有苦笑着说：

“你家不错啊，好歹还有四面墙壁。”

“你以为只有一面墙啊，那不成了公交站点了。”

因为在成都无法赚钱立足，他们又回到临邛，卖掉首饰和车马，开了一家酒铺。司马相如干粗活，卓文君负责卖酒。人们知道了他俩是卓王孙的女儿女婿，议论纷纷：

“大美女卓文君竟然卖酒，她脑子有问题吧，是不是酒精中毒了？”

“我天天去酒铺，只要看见她笑我就醉了，酒不喝还给她也行啊！”

卓王孙终究不忍心让女儿受苦，给了他们一些钱。司马相如因为自己的才华，最终也受到了皇帝的重用，并对中国文学的发展做出了杰出的贡献。

近义词：
一贫如洗、囊空如洗

反义词：
金玉满堂、养尊处优、富可敌国、丰衣足食

jià huò yú rén
嫁祸于人

把灾祸、罪名等转移到别人身上。

战国时，秦国攻打韩国。韩国战败，无奈地计划把上党地区割让给秦国。韩国上党守将名叫冯亭，他不想一觉醒来就变成秦国人，于是派使者去赵国游说，对赵王说："上党的官民希望归附赵国，不想归附秦国。希望大王接纳我们。"

这就好比北京烤鸭飞到嘴巴前，谁会不张开嘴呢！赵王高兴得满脸发光，似乎抹了一脸烤鸭的肥油。他笑得合不拢嘴，像嘴里塞了两个鸭腿。平阳君赵豹听说了此事，摇头说："天上掉馅饼，嘴边飞烤鸭，恐怕不是好事。"

赵王说："这是上党的百姓被我的恩德感召，想来归附，有什么问题呢？"

赵豹说："最强大的秦国费尽力气都得不到上党，我们力量不如秦国，韩国却把上党送上门。我们相当于从秦国的嘴里抢肉吃，太不自量力了。

韩国这么做是想把灾难转嫁给赵国。秦国将来发兵进攻上党，我们赵国要不要硬着头皮和韩国联手抗秦呢？那好比是和韩国手挽手地往火坑里跳啊！”

赵王不听劝告，派平原君赵胜去接收上党。秦王得到消息，果然气炸了，命秦军攻打上党。赵国大将廉颇在长平和秦军对峙，来不及救援。赵王又中了秦国丞相范雎的反间计，用“纸上谈兵”的赵括换下了老将廉颇，秦赵双方在长平展开了激烈的对抗，最后赵军全线崩溃，投降的四十万将士全部被杀。“长平之战”是战国时期最惨烈的战争之一。

近义词：
以邻为壑、借刀杀人

反义词：
引火烧身、招灾揽祸、引咎自责

jiàn lì wàng yì
见利忘义

见到有利可图就不顾道义。

汉高祖刘邦死后，皇权落在吕后手中。吕后的野心很大，封侄儿吕产、吕禄为王，把持朝政。吕后的倒行逆施，遭到群臣反对。吕后一死，陈平和周勃等老臣就开始密谋："吕后死了，吕家的其他人，也该早点儿上路了吧！"

周勃说："我虽然名义上是太尉，但调不动一兵一卒啊！"

兵权掌握在吕禄手里，他很信任好朋友郦寄。周勃等人又商量说："如果郦寄愿意帮我们，骗吕禄交出兵权，那就好办了。"

"我们抓住郦寄的父亲郦商，然后让他二选一，看他是要父亲，还是要吕禄。"

郦寄的父亲被周勃控制了，所以郦寄决定帮助周勃。他去找吕禄说："皇上想让太尉守北军，你马上把帅印交给周勃，不然大祸临头。"

“好吧，你是我的好兄弟，你不会骗我。”吕禄说。

郦寄心里说：“我要救老爸，我必须骗你。”

周勃拿到帅印，掌握了军队，消灭吕后一伙就像抹掉桌上的灰尘那么容易。老臣们后来拥戴汉文帝即位，开创了汉朝的“文景盛世”。

周勃把郦商当人质，通过一系列谋划，消灭了吕氏家族，为汉朝的长治久安立了大功。但许多人也嘲讽郦寄出卖了朋友吕禄：“别人为朋友两肋插刀，你是在朋友的两肋上插刀。”

而史学家班固评价说：“如果是为了个人的好处出卖朋友，可以说是见利忘义，但除掉吕禄有利于国家。郦寄的父亲还是开国功臣，儿子保护父亲，是应该的。郦寄的行为顾全了君臣和父子两方面的道义。”

近义词：
见钱眼开、唯利是图、利令智昏

反义词：
舍生取义、成仁取义

见异思迁
jiàn yì sī qiān

看到不同的事物，就改变自己原来的想法。指意志不坚定，喜爱不专一。

齐桓公是姜太公吕尚的后人，即位前人称“公子小白”。他和公子纠争王位，被追随公子纠的管仲一箭射中。公子小白即位后，想报复管仲。鲍叔牙劝他说，如果想成就霸业，就不能报复管仲，还要重用他。

于是齐桓公任用管仲为宰相，常向他询问治国之道。有一天，齐桓公问：“划定人民的居所，安排人民的职业，该怎么办才好？”

管仲说：“读书人、农民、工人、商人这四种人是国家的柱石，不应该安排他们杂居，不然行业之间会产生不好的影响。”

管仲认为，读书人应该住在清净的地方，如果住在菜市场附近，闻见烤鸭味，他们就无法专心读书；农民应该住在田野附近，不能让他们远离乡土，每天挑着牛粪坐高铁去种田；工人应该靠近官府，不然城墙倒了，长官嗓子喊得冒烟，还没人来修；商人应该住在集市边，如果住在山里，难道卖酒给

野兽喝？商人只怕也会成为老虎的午餐。

各个行业的人都聚集在合适的地方，同行之间可以相互切磋，共同提高专业水平。

各行业的后代如果从小就习惯了父辈的身份和职业，就能思想安定，有子承父业的明确规划。人们听说别的思想和职业，不容易见异思迁，不会放弃自己的规划，去寻找新的方向。

齐桓公采纳了管仲的建议，推行改革，让齐国逐渐强大，成了中原的第一个霸主。

近义词：

朝三暮四、三心二意、心猿意马、二三其德

反义词：

一心一意、矢志不移、忠贞不渝、坚定不移

渐入佳境

jiàn rù jiā jìng

比喻情况越来越好，技术越来越娴熟。

东晋的大画家顾恺之作画技法精妙，当时的宰相谢安评价他说“苍生以来未之有也”。

顾恺之出生后不久，母亲就病逝了。童年的时候，他根据父亲的描述，画母亲的肖像。父亲总是指出他的不足，但他并不气馁，日复一日地画，终于让母亲在画中的形象日渐完美。他说：“孩子没娘，说来话长。我要用画笔，让她重新活过来。”

顾恺之不仅在绘画方面天资卓著，作诗文也是一流。他曾在皇帝身边做官，有一天值夜班，皓月中天，碧空如洗，他愉快地吟起诗来。另一个名士谢瞻也在隔壁官署值班，听到他吟诗，隔着院墙为他鼓掌。过了一个时辰，谢瞻手都拍肿了，想进屋休息，又怕顾恺之扫兴，就叫侍从站在墙边替他鼓掌。

“鼓掌轻一点儿，不然时间长了，手会肿成熊掌。”

“哎，都是月亮惹的祸。”侍从感叹说。

谢瞻笑着回屋睡觉。顾恺之没有察觉他走了，直到天亮还在吟诗。

顾恺之爱吃甘蔗，且吃法和别人不同。他是从甘蔗梢吃起，渐渐吃到最甜的根部。有人问他：“甘蔗梢不甜，很多人都把它扔掉了，你为什么要吃它呢？”

他笑道：“从甘蔗梢往根部吃，越吃越甜，感觉越来越美妙，这叫渐入佳境。”

近义词：
否极泰来、蒸蒸日上

反义词：
每况愈下、江河日下

佩服佩服，甩锅甩到月亮上啦。
呜呜！都是月亮惹的祸！
手都肿了
顾恺之
啊！皓月中天，碧空如洗，真是太美了！

jiāng láng cái jìn
江郎才尽

比喻人的才华减退，不如以前。

南朝的江淹六岁就会写诗。因为家里贫穷，他还要上山砍柴。他一边砍柴，一边好奇地观察这个世界，觉得一花一草都是他的朋友。

经过多年苦读，他写文章越来越好，成了名噪一时的大作家。他还善于模仿别人，能惟妙惟肖地模仿陶渊明、谢灵运、左思和郭璞的文笔。

他不仅才思敏捷，官也越做越大。他担任御史中丞后，惩治了一些不称职的官员，建立了很高的威信。

但江淹到了晚年的时候，才思减退，诗写得平淡无奇。打比方说，他年轻时写的诗好比绝代佳人，晚年的诗就像那佳人的脸蛋被狗熊捏成了肉包子，没法看了。

一天晚上，江淹在灯下枯坐，想写点儿什么，硬是一个字也写不出来。他很是绝望，就像是在沙漠里捕鱼。一只蟑螂突然跳到他的嘴唇上，他立刻伸手打死了它。

“居然想跑到我嘴里来偷吃，你真是蟑螂才尽啊！”江淹喃喃自语，又说，

“我也好不了多少，我是江郎才尽。我写一首诗，比给公牛挤奶还难。”

他给别人讲故事，说他在罢官回家的路上睡着了，睡梦中梦到一个自称是郭璞的人，那可是他佩服的诗人啊！郭璞对他说：“我有一支笔在你这里放了很久，该还给我了吧！”他在怀中一摸，果然摸出一支五色笔，还给了郭璞。没了这支神笔，他再也写不出好文章了。

别人听了他的故事，不以为然地说：“你那个梦只是漂亮的借口。你经历了官场上这么多的斗争，心已经硬得像一块石头啦，哪里还能写出好文章呢？”

不是生活中没有美了，而是江淹那双曾经能够发现美的眼睛，已经蒙尘，不能再以赤子之心面对这个世界了。

近义词：
黔驴技穷、绵力薄材

反义词：
文思泉涌、梦笔生花

jiē zhǒng ér zhì
接踵而至

形容人接连而来，或事情连续发生。

“南朝四百八十寺，多少楼台烟雨中。”唐朝诗人杜牧的这两句诗，描绘了当时佛教在南朝流行的盛况，抒发了对古今兴亡的感叹。

南梁的开国皇帝梁武帝萧衍，天资不凡，文武双全。他不光能骑马打仗，还博览文史，擅长书法和围棋，精于音律。如果那时候有诺贝尔文学奖，很有可能有他一份；如果那时候有高考，他很有可能被清华大学计算机系和中央音乐学院作曲系同时录取。

建立梁朝后，梁武帝在前期也是励精图治，勤俭节约。他经常一天只吃一顿饭，帽子一戴就是三年，导致厨师改行写诗，裁缝关门歇业。数九寒冬，他仍然起得比鸡还早，甚至连打折的护手霜也舍不得买，手被冻裂了，仍坚持办公。

如果萧衍去世得早，凭他的品性和政绩，可以算得上是一代明君。偏偏他是历史上寿命第二长的皇帝，仅次于清朝的乾隆。他推崇佛教，晚年渐渐不管国事，导致国运衰颓，失去人心。

八十一岁那年，梁武帝回到阔别了五十三年的故乡。乡亲们后脚紧跟着前脚，像潮水般涌来看望他，还一起高唱：“我的爱如潮水，爱如潮水将我向你推。”

在此起彼伏的欢呼声中，萧衍觉得自己的一生已经圆满得像中秋的月亮。可不久后发生的“侯景之乱”，不光埋葬了他，也断送了他的王朝。

那时的北魏已经亡国分裂，东魏司徒侯景投靠了萧衍，还送来大片领土。萧衍以为自己捡了大便宜，得意地笑道：“我真是运气好啊！买罐八宝粥别人送我电饭煲，买个电风扇别人送我空调，买个沙发别人送我别墅。”

但他没想到，人运气坏的时候，吃条鱼可以赔上性命，一个咳嗽也可以让人窒息，走路摔一跤都可致瘫痪。

司徒侯景很快发动了叛乱，萧衍的各路军队战败的消息接踵而至。最后台城被攻陷，萧衍被软禁。八十六岁的萧衍，临死前嘴里发苦，想吃点儿蜂蜜都得不到，就草草结束了他不平凡的一生。看管他的士兵还说：“您这一生顺风顺水，临死前吃点儿苦头，算是把人生的酸甜苦辣都尝过了。您说，是不是该感谢我呢？”

近义词：
此起彼伏、纷至沓来、络绎不绝、源源不断

反义词：
门可罗雀、人迹罕至

嗟来之食

jiē lái zhī shí

泛指带有侮辱性的施舍。

齐国出现了严重的饥荒，树皮都快被人啃光了，甚至还有人吃蚂蚁和蚊子。有个叫黔敖的富商，想给穷人施舍一点儿食物。在他的想象中，穷人们都该热泪盈眶地感谢他。想到这里，他的眼泪先流了一地。

穷人嘛，哪有什么资格挑食。黔敖舍不得让穷人吃好米，就拿出去年的米、前年的豆子和白薯，熬成一大锅粥，摆在家门口。

“这锅粥看着很诱人，是不是？”他舀起一瓢粥，问仆人。

“是很诱人，这就是穷人的琼浆玉液。”仆人笑道。

“哈哈，喝了这锅粥，人一年都不饿。”黔敖大笑。

“再加上蚱蜢一起煮更好，荤素搭配，营养全面。”仆人说。

有个饿汉从远处摇摇晃晃地走来。仆人问黔敖，这个人像不像饥民。黔敖打量着他说：“看他鸡窝般的发型，跛脚鸭般的步态，面黄肌瘦的容颜，茫然无助的眼神，本色出演饿鬼呀！”

“是啊，他的每一根头发上都写着四个大字：我是饿鬼。”仆人笑得口水都快流到锅里了。

黔敖端着粥，对那个饿汉说：“喂，来吃吧！”

那个饿汉看了他一眼，摇头说：“我才不要这种廉价的施舍呢！”

黔敖听了，觉得自己太过分了，想走过去道歉。结果那个饿汉没有理会他，继续往前走，最后饿死在路上。

近义词：
寄人篱下、仰人鼻息、残羹冷炙

反义词：
自食其力

我才不要这种廉价的施舍呢！
是不是很诱人？可香了，赏你一碗！喂！来吃吧！
黔敖
免费！
主业经商，副业演戏。

jiǔ niú yì máo
九 牛 一 毛

比喻极大的数量中微不足道的一部分。

汉武帝时，李陵与匈奴作战失败被俘，不得不投降。消息传回长安，前一阵还在夸赞李陵英勇的大臣们，又改口责骂他了。司马迁暗自叹息：“唉，他们都是见风使舵的人啊！”

晚年的汉武帝脾气越来越暴躁。他能不拘一格地任用人才，也能“不拘一格”地毁掉他们，真可谓死法“百花齐放”，哀嚎“百家争鸣”，臣子们人人自危。比如公孙贺被任命为丞相时，伤心得哭鼻子甩泪，因为前几任丞相都被武帝整死了。很多人都盼着武帝早日“归天”，他们好得到解脱。

武帝问司马迁对李陵一事的看法。司马迁认为，李陵以五千步兵对抗匈奴的八万骑兵，激战十几天，弹尽粮绝才投降，已经很不容易了；他的投降也可能是违心之举，可能还会寻找机会报效汉朝。武帝听了，气得脸色发青。

武帝认为司马迁是在为李陵辩护，也是在诋毁大败而归的李广利。李广利是武帝最宠爱的妃子的兄弟，率领的是主力部队。武帝想：“批评李广利，就是批评我。

匈奴人打我的脸，你也打我的脸。好吧，我也不谦虚了。”

武帝将司马迁关进监狱，还用重刑惩罚他。司马迁的身体遭受了酷刑的摧残，他很痛苦，一度想要自杀。但冷静之后，他改变了想法。

他在给好友任安的信中说：“像我这样身份低微的人死掉了，在权贵们的眼里是无所谓的，就像九头牛掉了一根毛，我不仅得不到同情和理解，还会被耻笑。我要活得比他们更坚强，更有价值。”

于是，司马迁写出了伟大的著作——《史记》。武帝临终前，单独召见他，对他说：“你写的《史记》我看了，里面写到我的很多缺点。我本来就快死了，看了你的书，我一生气，会加班加点地去见阎王。但我不准备烧你的书，毕竟它有不可取代的价值。《史记》流传后世，你就能永远活在人们的心中。听说你把自己比作九头牛身上的一根毛，你太谦虚了吧！那些牛才是短命鬼呢，没有人会记得它们。”

近义词：
沧海一粟、不值一提

反义词：
不计其数、举不胜举、举足轻重

kāi juàn yǒu yì
开卷有益

只要读书，就会有收获。

宋太祖驾崩一事有点儿不清不楚。宋太宗的即位，也有点儿不明不白。为了争取读书人的支持，太宗即位后立即开科取士。

如果把皇帝比作捕鱼者，把人才比作鱼，宋太祖是用鱼钩钓鱼，宋太宗则是用电网捕鱼，几乎一网打尽。太宗时期的科举不光录取的人多，给的待遇也高，提拔的速度也快。

读书人的春天来了。许多人原来是种田的，每天和牛说话，突然像坐上了火箭一般地位蹿升，可以和最牛的人说话——成了皇帝的座上宾。

不光朝廷重视科举，民间对进士们的追捧也空前热烈。发榜那天，土豪们全家出动，为女儿争抢夫婿，生怕错过开往春天的地铁。进士们假装羞答答的，内心早就摩拳擦掌，准备在人生的舞台上大干一场。

宋太宗读书的春天也来了。他命人编写了一部规模宏大的分类百科全书——

《太平御览》，共有一千多卷。他要求自己每天看三卷，一年看完。宰相担心地劝他：

“皇上，您这么忙，还要每天看三卷书，这可不是吃三个蛋卷那么容易啊！”

“我是喜欢看书，每天都能从阅读中得到乐趣，就不会觉得辛苦了。”

宋太宗坚持每天读三卷书。有时因为国事繁忙耽搁了，他也要抽时间完成读书任务。有时晚上书看多了，他睡下后还大声地说和书有关的梦话。于是，又有大臣劝太宗少读书多休息。太宗还是说：“蛋卷吃多了，不一定好，但书卷只要打开，总是有益处的。”

太宗的学识越来越渊博，处理国事也更加得心应手。大臣们纷纷效仿，形成了浓厚的读书风气。

kāi mén yī dào
开门揖盗

打开门请盗贼进来。
比喻引进坏人，招来祸患。

东汉末年的孙策是孙吴政权的奠基者，人们赞他勇武如项羽，因此也叫他“小霸王”。孙策统一江东那年，在打猎时被刺客刺伤。他说：“我去打猎，自己反倒成了别人的猎物。如果时间可以倒流，如果我没去打猎，哎，本该是多么清爽的夜晚啊……”

再多的如果，也改变不了结果：孙策死了。于是，他的弟弟孙权掌权。孙权才十九岁，相当于现在的高三复读生。孙权为哥哥日夜啼哭，太湖的水位都要因为他的眼泪上涨了。

当时江东刚统一，对孙权心怀不满的人有很多，他们私下议论：

“谁动了我们的奶酪？是孙权。”

“我们这些大族，凭什么听他这个高三复读生的。”

堂兄孙辅怕孙权管不了事，便暗中和曹操来往，想脚踏两只船。曾任庐江太

守的李术尤其不听话，许多不满孙权的人都跑到他那里组织“快乐叛逃大本营”。堂兄孙暠也想浑水摸鱼，对下属说：“高三复读生都能掌权，我又何必太谦虚，我也可以！”

见孙权无心处理政事，谋士张昭十分着急，他对孙权说：“你现在如果把流泪当成主要的工作，将来主要的工作就是流血了。现在天下大乱，豺狼当道，你不处理国事，就好比打开大门，欢迎强盗进来抢劫。”

孙权猛然醒悟，马上视察军队。他把与曹操来往的孙辅幽禁起来，又派兵攻打李术。李术闭城坚守，直到城内粮食耗尽，最后兵败被杀。孙权不仅用武力平定了叛乱，还广招贤才，安定地方大族， 最终稳定了江东的局面。

近义词：
引狼入室、引火烧身

反义词：
敬而远之、如临大敌

kè zhōu qiú jiàn
刻舟求剑

比喻办事刻板，不能灵活应对。

有个楚国人第一次坐船渡江，非常开心。他坐在船边，双脚泡在水里，对船夫说：“啊，春江水暖，脚丫先知。”

“你没看见远处的鸭吗？明明是鸭先知。”船夫说。

正说着，楚人的佩剑突然掉进江中。他立刻趴下身体要去抓剑，船夫大声说：“你会游泳吗？江水中有很多漩涡。”

楚人害怕了。见佩剑沉入水底，楚人掏出小刀，在船舷上刻了个记号。他对船夫说：“我的剑是从这个地方掉到江中的。等一会儿我再下水去找。”

其他乘客都哄笑起来，船夫对楚人说：“我看要么是你疯了，要么是他们疯了。”

船靠岸后，楚人立刻从船舷上有记号的地方下水。他在水里乱摸一通，一无所获，手指还被螃蟹咬了一口。岸上还有乘客在看他的笑话，他觉得这些人的笑声比螃蟹还可怕。

“你继续摸啊，失败是成功之母。”一个乘客笑道。

楚人不想承认自己错了，仍装模作样地在水下摸剑。

他一直坚持摸到天黑，等众人散去，他才灰溜溜地上岸。为了泄愤，他狠狠地踢了江水几脚。由于用力过猛，他还把鞋甩掉了，把裤子也扯破了。

看来，他不光需要买鞋和裤子，更需要买的是补脑口服液！剑就不要再买了。脑子不好还带着剑，他可能会惹出更多麻烦。

近义词：

胶柱鼓瑟、按图索骥、墨守成规、一成不变

反义词：

通权达变、见机行事

kǒu mì fù jiàn
口蜜腹剑

嘴里有蜜，肚子里有剑。
形容嘴甜心狠，阴险狡诈。

唐玄宗做了二十多年的太平天子，渐渐变得骄傲疏懒，觉得岁月静好，歌舞楼台，烟霞满天，何必一天到晚为国事操劳呢？宰相张九龄看出他日渐懈怠，委婉地批评他。对于玄宗的耳朵来说，张九龄的批评可不是一道好菜，而是透着一股馊味儿。晚年的玄宗，喜欢上了一些小人。

李林甫就是一个小人，他的马屁拍得很好。他收买了玄宗身边的妃嫔和宦官，打听玄宗喜欢什么，对事情有什么看法，这样他见到玄宗后，就能迎合他的心意。玄宗的耳朵越来越“挑食”，只喜欢听好听的话，李林甫就专挑好听的话对玄宗说。后来，他如愿当上了宰相。

李林甫把皇帝当成蚕宝宝，供养在蚕茧里，不让皇帝知道外界的信息，这样治国就只能靠他。他没什么才学，对于饱学之士一贯打压排挤。面对同事，他的嘴巴像抹了蜜一样甜，内心却时时打着害人的坏主意。

以绛州刺史严挺之为例。听说玄宗想重用严挺之，李林甫立刻去找严挺之的弟弟，说：“皇上想重用你的哥哥，可他在外地不方便见到皇上，你替他向皇上写个回长安的申请，皇上想提拔他就方便了。”

“以什么理由回长安呢？”严挺之的弟弟信以为真，很感激地请教他。

“就说他得了病，需要回长安治疗。”

严挺之的弟弟没有察觉到李林甫的坏心思，照他的话写了申请。申请很快落到李林甫手里，他拿去对玄宗说：“严挺之年纪大了，有病需要治疗，就给他安排个轻松的工作吧！”

许多像严挺之这样的官员，他们的前途都被李林甫毁掉了。因为害人太多，李林甫怕被人刺杀。他把家里搞得像迷宫，有时一晚上换几个地方睡觉。别人睡觉是休息，他已经把睡觉当成一种运动。

李林甫和杨贵妃的哥哥杨国忠不和，“狗咬狗，一嘴毛”。最终，李林甫落败，病死。本来要以高官的身份埋葬，但玄宗削去了他的官职，给他换了个小棺材，以平民的身份安葬。这个坏东西生前睡觉老换地方，死了睡觉也换地方。

以前很多节度使都是读书人出身的文官，而李林甫生前为了巩固自己的权势，改用不读书的武将来管理边疆，这其中就有安禄山。安禄山造反后，玄宗出逃，像兔子一样到处躲藏。从此，唐朝由盛转衰。

近义词：
笑里藏刀、佛口蛇心

反义词：
忠言逆耳、心直口快

kuā fù zhú rì
夸父逐日

形容决心很大，或比喻不自量力。

远古时候，有一个巨人名叫夸父，他像山一样高大，有着磅礴的力量，意志也顽强得像钢铁。那时，天灾不断，猛兽横行，夸父经常率领部落对抗洪水猛兽。那时的太阳也是怪脾气，一会儿是烧烤模式，一会儿又连着几个月没有晴天，大家身上都长满青苔和蘑菇，简直就是“植物人”。

夸父想：要是能抓住太阳，让他听我的指挥就好了！世界风调雨顺，大家会更开心。他对部落里的人们说：“太阳虽然能量很大，但他不能控制自己的情绪，有时耀武扬威，有时又很懒惰，几个月不露面。他的对手其实不是我们，是他自己。只要我们善于利用他的缺点，就能说服他，征服他。”

大家被夸父的想法吓坏了，他们觉得太阳虽然性情暴烈，但光热无穷，怎么可能听夸父指挥呢。大家的生活还能过下去，何必自讨苦吃，去追逐看不到尽头的远方。一个年轻人说：“我们现在还有肉吃，万一远方除了漫

漫黄沙什么都没有呢？”一个老人甚至讥讽说：“有缺点的太阳，毕竟是太阳。再厉害的猴子，也不过是猴子。”

夸父愤怒地说：“任何事情，总有开始。从前我们战胜不了龙，后来我们战胜了。从前我们不会制造工具，后来我们也会了。我们既聪明，又勤劳，为何要和那些没有理想的猴子比呢？你们不愿意跟随我，我就一个人出发。”

于是夸父开始追逐太阳，这是人类历史上最漫长的奔跑。日复一日，他风餐露宿，渐渐地瘦成了一道闪电。他路过很多部落，遭受过很多嘲笑，也得到一些支持和鼓励。曾经有人和他一起逐日，但因为想家，因为畏难，因为饥饿，都半途而废，成了夸父征途中的匆匆过客。

夸父又饿又渴，他喝干了黄河里的水，还准备往北跑，去喝北方大湖的水。可惜，他还没赶到就累倒了，被吞没在月光如水的夜里。

死后，他的身体变成了一座山，他遗弃的手杖得到他血肉的滋养，变成了一片桃林。树上结的桃子，又大又甜。

近义词：
精卫填海、愚公移山

反义词：
量力而行

kuà xià zhī rǔ
胯下之辱

无法忘记的奇耻大辱。

楚汉战争中，刘邦最后能战胜项羽，韩信功不可没。

韩信出身贫寒，不拘礼节，年少时并未显示出才能，做不了官，也发不了财，有时落魄得连饭都吃不饱，别人都嫌弃他。

有一次，韩信饿得眼冒金星，在河边钓鱼时看见游鱼都直流口水。一位洗衣服的老大娘很同情他，连着几十天带饭给他吃。韩信很感动地说："以后我发达了，一定好好报答您老人家。"

淮阴的屠户中有个年轻人侮辱韩信说："你小子虽然个子高，还带着刀剑，其实是个胆小鬼。你要是不怕死，就过来刺我一剑；你要是怕死，就从我裤裆底下钻过去。"

韩信沉默地看着那个屠户。一开始屠户还以为他要挥剑刺过来呢，吓得差一点儿尿裤子。哪知韩信趴下身体，真的从他裤裆底下钻了过去。

另一个屠户也起哄："我喜欢交朋友，我的裤裆也很好客，好客裤裆欢迎你。"

陈胜、吴广起义后，韩信投

奔了项羽，没有受到重用，又去投奔刘邦。见刘邦也不重视他，便逃走了。刘邦的谋士萧何听说韩信逃走了，来不及报告刘邦，就去追韩信。萧何鼓励他说：“韩信，你不要寒心，怀才好比怀孕，迟早会被发现的。”

刘邦以为萧何逃跑了，过了两天，等萧何回来后，生气地问他：“你为什么逃跑？”

萧何说：“我不是逃跑，是去追逃跑的人。韩信是个军事天才，如果您想打败项羽，非得让韩信当大将不可。”

刘邦这才开始重用韩信。韩信创造了许多经典战例，留下的典故有“独当一面”“明修栈道，暗度陈仓”“十面埋伏”“背水一战”等。

近义词：
奇耻大辱

反义词：
光宗耀祖

楚汉战争结束后，韩信被封为楚王。他回到家乡，召见了当年给他饭吃的老大娘，赏赐给她很多钱。他又召见了曾经让他钻裤裆的屠户，封他为中尉，还对将领们说：“他也是条好汉，当年他让我钻裤裆，我难道不能杀他吗？只是杀了他我也不会成为英雄，我是一直记得他的羞辱，才能取得后来的成就。”

滥竽充数

lànyú chōngshù

比喻没有真本领，装模作样地伪装、冒充行家。也比喻以次充好。

战国时的齐宣王是个音乐发烧友，尤其喜欢听吹竽，还非要三百人一起吹不可。南郭先生听说了齐宣王的这个癖好，觉得有机可乘（不是有飞机可乘哦），饭票到手。他没吹过竽，只吃过芋头，还以为它们长得很像。他脸皮比牛皮还厚，于是他冒充吹竽高手去见齐宣王。

齐宣王哪里知道他不会吹竽，只会吹牛，还以为是伯乐遇到了千里马。于是，齐宣王把他安排到大乐队里。他平生第一次买竽，还是拿齐宣王的钱买的。他暗自窃笑，觉得齐宣王智商堪忧，傻得像个芋头。

“我这个业余乐工，碰到个业余皇帝，倒也是天生一对啊！”

给齐宣王演奏时，他总坐在最后一排装模作样，看起来十分卖力。他手里的竽从不发声，因为他一发声就像打嗝。看着齐宣王如痴如醉地欣赏音乐，他就觉得这老兄太可爱了。

齐宣王驾崩的当晚，南郭先生成了“难过先生”，就像被扔进了

冰箱。他不知道饭碗还能不能保得住。很快，他又得到了一个坏消息：即位的齐湣王偏偏喜欢听独奏，通知乐工一个一个地给他吹竽。南郭先生自知不能再混在乐队里当摆设了，王宫也不再是他的养老院。

“江湖险恶，不行就撤。”好在南郭先生有研究兵法的业余爱好，懂得三十六计，走为上计。

“下一个喜欢听几百人一起吹竽的憨厚国王在哪里？看来，骗子有点儿多，智力障碍者都不够用了。”他急忙收拾行李，连夜逃出了王宫。

“虽然我吹竽不行，但跑起路来还是飞快的。”南郭先生看着地上矫健的身影，不禁感叹道。

近义词：
浑水摸鱼、鱼目混珠、名不副实、以次充好

反义词：
宁缺毋滥、名副其实

乐不思蜀
lè bù sī shǔ

泛指乐而忘返。

三国时期，蜀主刘备驾崩后，刘备的儿子刘禅继位，诸葛亮鞠躬尽瘁地辅佐他，但五次北伐失利，诸葛亮最后病逝于五丈原。

蜀国最终被魏国灭了，刘禅带着大臣移居洛阳。他从皇帝这个职位上下岗，生活自理能力很差，也不懂社交，全靠大臣郤正辅助。有时候躺在床上，他会想：我这么没本事的人，居然也当过皇帝，老天爷是睁眼瞎吗？

他经常喝醉酒。有一次醉酒后，忘了自己的身份，就问一个六岁小女孩：“我是谁？”女孩笑着回答：“我又不是你妈，我怎么知道你是谁呢？”

他还瞪着眼问：“你确定你不是我妈吗？”

一天，掌握魏国实权的司马昭开派对宴请刘禅。席间，他故意安排了蜀国的才艺表演。

蜀国的旧臣们看见故国的表演，都非常难过。刘禅却乐得合不拢嘴，好像嘴里有鞭炮炸了一样。他越来越胖，脖子越来越短，吸血鬼见了要气得吐血，因为不知道从哪里下嘴。司马昭却很喜欢他这个熊猫造型，心想：我就不杀你了，留着做广告吧，让世人看看我的宽容之心。

过了几天，司马昭问他：“看了蜀国的达人秀，你想念故国吗？”

他笑着说：“此间乐，不思蜀。”意思是：我在你这里好吃好喝，转行从事娱乐业，哪有空思念蜀国呢？

司马昭暗暗感叹刘禅的无情，心里想：我就把他当宠物养着，他吃了我的饭，还能制造些笑料，也算创造了价值吧！

刘禅小名阿斗。据说他的生母甘夫人梦见自己吞了北斗星才怀上他，所以给他起了“阿斗”的小名。可惜，他这个四川北斗星，没有给蜀国指一条生路，只把生路留给了自己，晚年衣食无忧。后人常用“阿斗”或“扶不起的阿斗”来形容庸碌无为的人。

近义词：
流连忘返、乐而忘返

反义词：
居安思危、归心似箭

liáng shàng jūn zǐ

梁上君子

用来代指窃贼。

君子是古代对有德行的人的美称。汉桓帝时，陈寔任太丘长，他做事公道，待人宽厚，百姓都很敬重他。当时陈寔和他的两个儿子被称作“三位君子”。

有一年闹饥荒，街上很多人肚子饿得咕咕叫，好像在参加拍肚皮大赛。

一天晚上，陈寔刚上床准备睡觉，发现屋梁上躲着一个小偷。他觉得小偷身手敏捷，如果不参加拍肚皮大赛，就太可惜了。

于是，他不慌不忙地穿好衣服，叫来儿孙，然后大声说：“人要自我激励，不能自甘堕落干坏事。做了坏事的人未必本性就坏，可能是受了环境的影响，养成了坏习惯。屋梁上的那位君子就是这样的情况吧！”

陈寔是在教育儿孙，也是在说给屋梁上的小偷听。小偷设想过两种结果：要么偷窃得手，要么失手被抓。他现在被上了一堂道德情操课，完全出乎意料。他一口吞下刚偷到的冷馒头，通过一个漂亮的前空翻，就从屋梁上跳了下来。一屋子人看着他在情操课上表演，他赶紧磕头认罪。陈寔又说：“看你的外表也不像是坏人啊！希望你能约束自己，做个品行端正的人。”

陈寔放走了那个小偷，还送给他两匹丝绢。此后，这个县很长一段时间都没有再发生盗窃事件了。

近义词：
鼠窃狗盗

反义词：
正人君子

我不能自甘堕落，
我要自由落体，做个光明正大的人。
人要自我激励，
可不能自甘堕落干坏事！
陈寔
干嘛突然讲这些？
爷爷是要出远门了吗？

luò yáng zhǐ guì
洛阳纸贵

形容好的作品风行一时，流传很广。

西晋的文学家左思，小时候只是个普通孩子，学琴、学书法都没有取得很优秀的成绩。他的父亲叹息说："左思写的这个字啊，在地球上是排不上名次了，发射到火星上去，如果不出意外，应该能排火星第一吧！"

"左思这孩子，我当年比他更小的年纪，懂的东西都比他多。谁说长江后浪推前浪啊！"

别人哈哈大笑："他不在长江里，他在澡盆子里游泳呢！"

父亲的话刺激了左思，他更加努力地学习，毕竟火星上没什么人，竞争不够激烈，即使排第一也没啥意思。为了写《三都赋》，左思在家门口、庭院中、厕所里都摆放着纸和笔，偶尔想到一个好句子，哪怕在蹲厕所，也立刻像火箭升空般跳起来，用纸笔记下来。

大文豪陆机到了洛阳后，也想写《三都赋》。听说左思也在写，陆机感觉很尴尬，就像纤纤少女和黑脸大汉撞衫了。陆机不屑地对弟弟陆云说："左思不过是个粗鄙的家伙，等他写出《三都赋》，我就用来封酒瓮吧！"

历经十年，左思写成了《三都赋》。

刚开始，他的文章并没有受到重视，好像真被人当成了火星文。但是，有文学家关注到了。后来，陆机读过之后很钦佩，觉得自己没必要再写了。经过文坛领袖们的推荐，《三都赋》被豪门贵族争相传阅抄写，京城洛阳的纸张因此供不应求，价格大涨。

左思曾经是富豪石崇的座上宾，是当时的名流俱乐部“金谷二十四友”的成员之一。美男子潘安也是这个俱乐部的成员。潘安乘车出门时，路上的妇人们总会簇拥围观，还朝他的车上扔水果，连老奶奶都像打了兴奋剂，手舞足蹈地欢呼。潘安笑道：“洛阳的纸贵，水果也不便宜啊！如果我每天都乘车出门，估计可以当洛阳的第一大水果批发商吧！”

左思也模仿潘安乘车出门，想弄点免费水果吃。结果，妇人们没有朝他的车里扔水果，而是一拥而上要签名。上帝似乎很公平，让左思赚了洛阳的纸，就不能再赚洛阳的水果了。

也许因为出身卑微，也许因为长相对不起观众，在看重门第和形象的时代，左思活得比较低调。“金谷二十四友”中，他算是少数能够得以善终的人物了。

近义词：
一字千金、风靡一时

反义词：
无人问津

mǎi dú huán zhū
买椟还珠

比喻没有眼光，取舍不当。

“明天我要去郑国做生意了，早上我会起得比鸡还早。”有个楚国人对他的母亲说。

“你明天早上想吃什么？”他的母亲问。

“我要吃红辣椒，生意一定能红红火火。”

“那你吃几个车轮，难道生意就能滚滚向前？”他的母亲暗自嘀咕。

这个人去郑国做的是珠宝生意。为了卖个好价钱，他用上等的木材制作珠宝匣子，再熏得香喷喷的，还用珠玉玫瑰精心装饰匣子。他太喜欢自己做的匣子了，抱着它跳舞。结果他因为兴奋过度加上转圈太多，差一点儿晕倒在地。

“有这么漂亮的匣子，我的珠宝一定能卖个好价钱。”他很得意地对朋友们说。

集市上，楚国人的店铺里顾客很多，人们摩肩接踵，挤得像沙丁鱼罐头。他不停地介绍着珠宝，忙得早饭和午饭都省了，恨不得长三只手才够用。

一个郑国人在店里看了很久，脚就像被胶水粘住了，一动不动。终于，郑国人的嘴唇动了，证明他不是一尊石雕。

“这个，多少钱？”他指着那个被精心装饰的匣子问道。他盯着匣子看了许久了。

听楚国人报了价，他没有还价，付了钱抱起匣子就走。这天卖了不少珠宝，楚国人心花怒放。他正忙着数钱呢，那个郑国人突然又转身回来，手里拿着匣子里的珍珠。

“你忘了匣子里有颗珍珠吗？我来还给你。”郑国人说。

“这……”楚国人惊讶地张大嘴，像嘴里塞了个大热狗。

郑国人放下珍珠，抱着匣子转身走了。原来他要的只是匣子，并不懂得珍珠的价值。楚国人哭笑不得，自己擅长的竟然是卖匣子，那还卖什么珍珠呢？

近义词：
舍本逐末、本末倒置

反义词：
去粗取精

盲人摸象
máng rén mō xiàng

比喻对事物只凭片面的认知和了解就妄加揣测，以偏概全。

从前，一个国王得到了几头大象，他非常高兴。

一天，他骑着大象大摇大摆地来到了繁华的商业步行街。大街上人头攒动，人们纷纷围过来，一边争先恐后地近距离观察，一边夸奖着大象高大威武。可惜，那时候还没有朋友圈和抖音，要不然一定刷屏了。

大街上有几个盲人闻讯赶来，非常激动，也非常着急。听着别人的夸奖，他们很想知道大象到底长什么样子。

他们虽然看不见，但是他们可以用手摸呀！国王热情地邀请他们亲自来摸一摸，感受一下大象到底是什么样子的。他们立刻围住了大象，好像找到了失散多年的亲人。

摸到象牙的那位，马上大声说，大象像一根大萝卜；摸到耳朵的人，说大象像一个大簸箕；摸到脑袋的人，说大象像一块大石头；摸到鼻子的人，说大象像一根圆木棒；摸到大腿的人，说大象像一根柱子；摸到脊背的人，说大象像一张大床；摸到腹部的人，说大象像一堵墙；摸到尾巴的人，说大象像一根长绳子。

他们都认为自己说的才是对的，吵得不可开交。围观的人们在一旁开心地看笑话，都对自己的智商有了更大的自信。国王最后说：“你们都是待在原地静止不动地感受，只会得到片面的印象。把你们的描述综合起来，才是大象真正的形象啊！盲人摸象，越摸越像。”

近义词：
坐井观天、管中窥豹

反义词：
了如指掌

máo suì zì jiàn
毛遂自荐

自己推荐自己去做某事。

在著名的“长平之战”中，秦国打败了只会“纸上谈兵”的赵括。秦军乘胜追击，包围了赵国的都城邯郸。形势危急，平原君奉赵王之命去楚国搬救兵解围。

平原君要挑选二十个文武双全的门客一起去楚国。他挑来挑去，还有最后一个人选没确定。这时，一个叫毛遂的人站出来说，他也想去楚国立功。平原君摇摇头说：“贤能的人在世上就像锥子在囊中，它的尖梢立刻就会显现出来。你来我这里三年了，从来没人夸赞你的本事，我想还是因为你的能力平平吧！”

毛遂哈哈一笑：“好的机会没有来，我努力表现干什么呢？现在赵国形势危急，这才是我施展抱负的机会。我现在请求您，把我这个锥子放到您的囊中去吧！”

平原君看他镇定自若，言谈流利，决定带他去楚国。可另外的十九个门客根本不正眼看毛遂。一个姓高的人还说：“你头上的毛还没我多，居然敢姓毛，可见名

不副实。”

“你身材还没我高，怎么就敢姓高呢，难道是吹牛惯犯？”毛遂立刻反唇相讥。

到了楚国，楚王只和平原君一个人谈话。从早上谈到中午，楚王仍然下不了出兵的决心。于是，毛遂持剑走上台阶，问楚王为何犹豫。楚王呵斥他说：“我和你家主人说话，你有什么资格插嘴！”

毛遂大声说：“你之所以对我无礼，不过是仗着你可以指挥楚国所有人。但现在我和你相隔不到十步，没有一个楚国人可以救你。你信不信，我可以立刻让你脑袋搬家。”

楚王被毛遂的勇气震慑，平静了下来，听他滔滔不绝地讲联合抗秦的意义。楚王最后被说服，下定决心出兵，援助赵国。毛遂指着另外十九个门客说：“我可以这么说，只要平原君和我出使楚国就够了，你们不过是我的行李罢了。”

这十九件“大行李”无言以对。不过他们这次还是立了功的，没惹麻烦就不错啦。

近义词：
当仁不让、自告奋勇

反义词：
妄自菲薄、急流勇退、推三阻四

毛骨悚然

máo gǔ sǒng rán

汗毛竖起，脊梁骨发冷。形容非常恐惧。

“官渡之战”时，袁绍的兵力是曹操的数倍。曹操很想以少胜多，他精神紧张得患了头痛病。严重的时候，他的脑袋就像被劈开了，好像有人在拿吸管吸他的脑汁。他晚上也睡不着，像被无数虫子啃咬。

当时，文学家陈琳依附于袁绍，他写了一篇讨伐曹操的文章。文章骂了曹操家的三代人：“你的爷爷是蛮横放纵的妖孽，你的父亲是图谋不轨的坏蛋，你曹操也不是什么好东西，杀人放火，挖坟盗墓，哪里有灾难，哪里就有你。我可不是说你是正义的消防队员，相反，你是火灾、地震和泥石流。”

曹操正头痛地躺在床上呻吟，像活章鱼被做了铁板烧。看到这篇文章，他汗毛竖起，脊梁骨发冷，惊出一身冷汗，头竟然不痛了。

他从床上跳起来，做了几个俯卧撑，跳了一段踢踏舞，还对下属说：“陈琳真是个人才，文章写得厉害，还能当药，竟然治好了我的头痛。”

曹操打败袁绍后，陈琳被俘虏。曹操问他：“你这个陈医生啊，要骂我就尽管骂吧，为什么还要骂我的父亲和爷爷？我的爷爷比圣诞老人还慈祥呢！”

“你的爷爷还慈祥？你是把我当猴耍吧！”陈琳心里冷笑，嘴里却诚恳地回答：“形势所迫，我也没办法啊！这就像是箭在弦上，不得不发。”

曹操大度地笑笑：“没关系。骂曹操，帮曹操，都只是工作而已！”

“是的是的，我骂您的工作已经结束了，接下来该帮您干活啦！”

“你骂我骂得狠，将来夸我一定要把我夸成一朵花。”曹操大笑。

“那当然，您这朵奇葩，当世没有第二个人能比。”

曹操欣赏陈琳的才干，让他当自己的谋臣。这是在向人们宣告：所有的人才，都是我的菜，请到我的碗里来。

近义词：
不寒而栗、胆战心惊

反义词：
无所畏惧

mén kě luó què

门可罗雀

形容门庭冷落，没有人来往。

汲黯是西汉名臣，他为人耿直，敢当面顶撞汉武帝。有人说他是仙人掌成精，浑身是刺。汉武帝和丞相商量事情时可以不戴帽子，但如果要见他，汉武帝就不敢不戴帽子。有一次汲黯来了，武帝来不及戴帽子，连忙躲避，对侍从说："汲黯来了，你替我接待一下。我还没戴帽子，可不想让他说我不讲礼仪。"

“汲黯是不是昨晚吃鱼被刺卡了喉咙啊？真是里脊肉里都能挑出刺，鸡蛋羹里也能发现鸡骨头。”侍从笑道。

“你说话有点像搞笑的东方朔嘛。”武帝夸奖说。

发明豆腐的淮南王刘安密谋反叛，担心地说：“汲黯太厉害了，没有什么办法可以让他支持我。他的骨头太硬了，不知道是喝牛奶还是羊奶补的钙，反正不是吃我的豆腐补的钙。那个丞相公孙弘则完全相反，说服他就像摇落一片树叶那么容易。”

汲黯声名显赫的时候，来他家拜访的人络绎不绝，就像洪水决堤。他被汉武帝罢官后，隐居田园，昔日访客盈门的景象消失了，门前安静得像清冷的月球。他每天打开大门，只见几只鸟雀在寻找食物。

汲黯说：“我的客人们也许都升天了吧！天上的鸟雀反而落到地上来了，我家门口都可以张网捉鸟了。跟人玩太辛苦，我以后还是跟鸟玩吧！”

“今年过年不收礼，收礼只收鸟笼子。”仆人附和说。

近义词：
无人问津

反义词：
门庭若市、高朋满座、车马盈门、宾客盈门

mèng mǔ sān qiān
孟母三迁

指父母对子女教育的重视。

孟轲小时候曾经住在墓地旁边。每当有人下葬，淘气的孟轲就跑去墓地玩。逝者的家属一身白色孝服，哭声震天。孟轲也找来一块白布披着身上，还大喊：“白马王子来啦！”

他的母亲觉得住在墓地旁不利于儿子的成长，于是搬到街市附近。街市从早到晚都很喧嚣，只要母亲没看住他，他就在街市上流连忘返。

“要想阔，卖假货。”一个奸商笑嘻嘻地对他说。

奸商克扣斤两的小把戏，被他看懂了，以次充好的手段，他也会模仿。鱼贩拿刀杀大鱼，他在旁边拿刀杀小鱼。回到家，他对母亲说：

“妈妈，我长大了，想当孟老板，开个生鲜大超市，卖各种各样的鱼。”

“你应该做比开超市更了不起的事情。你卖鱼，只能给几个人吃，但如果你将

来有学问，搞个网络平台，就能让全天下的人都受益。”

母亲很为他的成长担忧。没过几天，母亲又准备搬家。母亲收拾行李，他在一旁说：“妈妈，你这么喜欢搬家，干脆开个搬家公司吧！”

孟母答非所问地说：“其实人的一生都是在搬家，给自己的心灵找个家。有的人找到了家，有的人怎么也找不到，一生都在流浪。”

孟母又把家搬到学校旁边。每天进出学校的都是斯文的读书人，言谈举止和贩夫走卒大有不同。母亲说：

“听说这里的几位老师都是硕士和博士。跟优秀的人在一起，你也会变得更优秀。”

“优秀是不是像感冒病毒，可以传染？”孟轲很好奇。

“你会受优秀的人的影响，也会受平庸的人的影响。相比起来，你更容易受平庸的人的影响，因为变平庸很容易做到，只要躺下来，什么都不干就行了；你要变得优秀，那就很难，需要日复一日、年复一年的努力。”

受学校师生的影响，孟轲变得懂礼貌，守秩序，爱读书。母亲放心了，就在此定居。年岁渐长，孟轲的学问越做越大，最后成了一代大儒，和孔子地位相当，被称为“孟子”。

近义词：
择邻而居、三迁之教

反义词：
不闻不问

míng luò sūn shān
名落孙山

在考试或其他选拔中，没有被录取。

宋朝是中国历史上对读书人最好的朝代之一。开国皇帝赵匡胤为了避免重蹈五代十国武将跋扈的局面，重文轻武，许多寒门子弟通过科举考试走上了仕途。

也有一些人考了很多年都没考上，最后精神失常。江苏曾有一个读书人，疯了以后经常脱了衣服在街上跳舞。

“自从他得了精神病，精神就好多了。”

说这话的人叫孙山，他很喜欢讲笑话。十年寒窗，身边有他这么一位滑稽才子，同窗也多了许多快乐。听说孙山准备去外地参加考试，一个老乡托他带自己的儿子一起去。

“你不用带干粮了，我儿子带着烧饼呢，很好吃的。”老乡说。

“不错啊，你儿子带干粮，我负责带心灵鸡汤。”

“我的儿子信心不太足，希望你的鸡汤管用。”

“旅途中，你儿子要多搀着我走路。”

“为什么？”老乡有点惊讶地问。

“杜甫有诗云，一览众山小。他到了考场上，不就把别人都比下去了嘛！”

“哈哈，有才有才，我一定让他照办。”老乡大笑。

他们启程后，路上又碰到两个赶考的年轻人，一个叫山秀，一个叫田山南。

山秀和田山南说：“我们结伴一起走吧，路上也不寂寞。”

孙山笑道：“还是分开走吧。李白有诗云：‘三山半落青天外’。我们加在一起，刚好三个山，恐对考试不利呀！”

山秀笑道：“有理有理。”

考试完了，发榜的那天，孙山看见自己的名字在榜上最后一位。老乡的儿子没有上榜，想必他会伤心。不久，孙山先回家了。老乡立刻跑来问：“我儿子考上没有？”

孙山不能隐瞒，又不便直接说没考上，就说：“解名尽处是孙山，贤郎更在孙山外。”

“解名”是指考取的举人。孙山的意思是：举人榜上最后一名是我，令郎的排名还在我的后面呢！

近义词：
榜上无名

反义词：
名列前茅、金榜题名

míng chá qiū háo
明察秋毫

目光敏锐，细节都能看到。

战国时的齐宣王喜欢听许多人一起吹竽，才让南郭先生有机会滥竽充数。不过，也不能因为南郭先生在充数，我们就认定齐宣王智商需要充值。在治理国家方面，也不能说他完全是个糊涂蛋，还是有一番作为的。

钟离春是历史上有名的丑女，鼻孔朝天长，就像一对小喇叭。但是，齐宣王选了钟离春当王后，他认为她有见识，能帮助自己。他还向孟子请教如何才能成就霸业。孟子回答他，孔子的门徒讲王道，主张用道德的力量统一天下：

“让老百姓安居乐业，这才是王道。”

孟子听说过关于齐宣王的一件事。有人准备杀牛取血祭钟，齐宣王看见牛害怕得像个蜗牛，瑟瑟发抖，他觉得残忍，就让那人放了牛。孟子觉得这就是仁慈。孟子说：“大王，您有这样的仁心，就能统一天下。”

“为什么这么做符合王道？”

孟子说：“如果有人说，他能举起三千斤重的东西，却不能举起一根羽毛；他的眼睛能看见野兽在秋天新生的绒毛，却看不见整车的柴草，你会信他的话吗？”

“不相信。我的智商肯定令人放心。”齐宣王还不知道他的乐队里有南郭先生这号人呢！

“您的仁慈令禽兽都能得到好处，为什么老百姓却感受不到呢？不是您看不到，做不到，而是您没有去做。您需要把仁慈的心转化成对老百姓的实际行动！”

齐宣王没有采纳孟子的意见。齐军趁燕国内乱攻入燕国后，就像劫匪一样，到处烧杀劫掠。结果齐国不仅控制不了燕国的局势，还招来了其他各国施加的压力，只能无奈撤兵。齐宣王感叹：“想到孟子对我说的那些话，我真感到惭愧啊！”

齐国趁火打劫导致后来燕昭王复仇，齐国几乎被灭国。

近义词：
洞若观火、火眼金睛

反义词：
有眼无珠、熟视无睹

内容简介

成语是中国传统文化的一大特色，简短精辟且富有深刻的思想内涵，成语故事更是蕴含着丰富的历史信息和智慧。本书精选了 120 个经典成语，用幽默的语言加工创作成 120 个搞笑成语故事，读来妙趣横生、毫不枯燥，同时拓展了 500 多个近反义成语，帮助孩子加深文化积累，让孩子在欢声笑语中掌握所学成语并加强运用，为将来得心应手地写作和表达打下坚实的语言基础。

图书在版编目（C I P）数据

笑看成语故事．上册 / 上海元远教育主编；松下童著．— 上海：同济大学出版社，2021.12

ISBN 978-7-5765-0044-8

Ⅰ．①笑… Ⅱ．①上… ②松… Ⅲ．①汉语 – 成语 – 故事 – 少儿读物 Ⅳ．① H136.31-49

中国版本图书馆 CIP 数据核字（2021）第 276238 号

笑看成语故事 上册

主　　编　上海元远教育

责任编辑　杨艳

责任校对　谢卫奋

插　　画　陈淑华

整体设计　黄敏　赵静　赵学宏

封面设计　视界创意　刘艳琪

出版发行　同济大学出版社 www.tongjipress.com.cn

（地址：上海市四平路 1239 号 邮编：200092 电话：021-65985622）

经　　销　全国新华书店

印　　刷　上海盛通时代印刷有限公司

开　　本　889mm X 1240mm　1/24

印　　张　10.5

字　　数　265 000

版　　次　2021 年 12 月第 1 版　2021 年 12 月第 1 次印刷

书　　号　ISBN 978-7-5765-0044-8

定　　价　60.00 元（全 2 册）

笑看成语故事

漫画版

松下童 著

下册

上海元远教育 主编

同济大学出版社
TONGJI UNIVERSITY PRESS

目录

mó léng liǎng kě
模棱两可

对事不表示明确的态度，没有明确的主张。

唐朝的苏味道，是宋朝苏轼的先祖。他从小就温顺得像绵羊，并且很宠爱弟弟苏味玄。他如果没有满足弟弟的要求，弟弟就会毫不客气地指责他。见他不生气，弟弟就嘲笑他：“你这个当哥哥的，脾气只适合做小弟。”

他哈哈一笑：“我叫苏味道，但真的没什么味道，没什么腔调。”

武则天当了皇帝后，因为大侦探狄仁杰的推荐，提拔了苏味道，让他一度位居宰相的高位。武则天为了让李唐皇族不敢反抗她，重用酷吏，杀人成瘾。在武则天眼里，宰相也可以随便宰杀。老绵羊苏味道看在眼里，时时胆寒，生怕自己犯错，被她抓住把柄。苏味道的弟弟苏味玄也在朝做官，负责武则天的膳食。苏味道对弟弟开玩笑说：“你可别把哥哥做成酱烧排骨，献给皇上啊。”

苏味道当了宰相后，下属问他工作上的事，他经常不拿主意，不做决定，只是用手摩挲着座椅的棱角。他还对人说：“办事情不用搞得那么清楚，万一错了会被处分；还不如模棱两可，好像这样也行，那样也行。”

久经官场的苏味道温顺像绵羊，油滑如泥鳅。虽然武则天当政时，朝廷一度血雨腥风，但是他还能安然度过一生，连国宝熊猫都对他表示羡慕嫉妒恨。苏味道，就是油滑的味道。

近义词：
不置可否、依违两可

反义词：
旗帜鲜明、斩钉截铁

人家泡温泉，老苏泡油锅。
搞不清楚万一错了还会受到处分，那还不如模棱两可~这也行，那也行~
怎么和泥鳅一样?

mù hóu ér guàn

沐猴而冠

沐猴就是猕猴。猕猴戴帽子，装成人的样子。比喻徒有其表而无其实。常用来讽刺人依附权势、窃据名位的行为。

秦朝末年，各路起义军没有统一的指挥，刘邦、项羽和楚怀王约定，谁先攻进关中，谁就当关中王。

刘邦的军队遇到的阻力较小，率先攻进关中。但他知道自己的实力还无法与项羽抗衡，就主动撤回灞上，并亲自到鸿门谢罪，表示归顺。听到这个消息，项羽高兴地说："我宣布，刘邦进入小绵羊模式。他哪敢跟我这狮子王争王位！"

在鸿门宴上，刘邦说去上厕所。项羽等了半天都不见他人影，就问别人："刘邦上厕所去了这么久，是吃坏肚子了吗？"

刘邦不是吃坏肚子，而是脚底抹油，溜之大吉了。为了发泄愤怒，项羽进了咸阳后到处杀人抢劫，还放火烧了阿房宫。站在熊熊大火前，他得意地哈哈大笑："拳头大就是好啊。我宣布，北半球进入烧烤模式。谁不听我的话，谁就是我的夜宵。"

项羽准备带着抢来的钱财回老家。他手下的谋士韩生劝他说："关中地势险要，物产富饶，是建都的好地方。"

项羽摇头说：“咸阳已成废墟。你想当建筑工人，我还不想当包工头呢。我们现在有了功名富贵，不回家让乡亲们见识见识，那还有什么意思？这就像穿着漂亮的衣服走夜路，即使走得比模特还好看，又有谁知道呢？”

韩生摇头叹息，觉得项羽算不得大英雄，还背地里说：“有人说楚国人没见识，气量小，就像是猴子戴上帽子假装成人。项羽不就是这样吗？”

项羽最终失败了，他的人生在乌江边谢幕。乌江亭长想送他过江，以后找机会东山再起。项羽却说：“我宣布，我的人生绝不进入关机重启模式。”

近义词：

虚有其表、衣冠禽兽

反义词：

正人君子、仁人志士

nán kē yí mèng
南柯一梦

比喻得失无常，人生如梦。也泛指一场梦。

相传唐代有个叫淳于棼的人喜欢饮酒。有一天，他喝得烂醉后恍惚睡下，似乎看见两个使者，说是大槐安国国王派来邀请他的。

他梦游似的起身，随他们上车，车朝门外大槐树的洞口驶去。进洞后，他发现晴天丽日，洞内是另一个繁华世界。大槐安国国王盛情款待他，还把女儿许配给他。婚礼上，他还邂逅了老朋友。许多美女轻歌曼舞助兴，公主更是美若天仙。

他和公主越来越恩爱，他的地位也越来越高。他出入的车马、宴席的规格等各种排场仅次于国王。他暗暗发笑："为什么所有的好事都要来找我，让我歇一会儿不行吗？"

他常常半夜笑醒后，在摇曳的烛光下，端详着公主花朵般的容颜。他喝一口清水，都感觉甜丝丝的。

后来，国王派他去南柯郡当太守。他上任时，钟鼓喧闹，欢迎他的人群足有十里长。他在南柯郡做了二十年太守，风调雨顺，百姓给他造生祠，树功德碑。国王又赐给他相当于丞相的爵位。公主温柔服侍，还给他生了五男二女。

“我妈怎么把我生得这么有福气。这个世界不缺下一代，缺的是像我妈这样的上一代啊。”

他笑声刚落，坏事就来了。邻国突然入侵，他带兵出征，打了很多败仗。他的夫人也病死了。国王对他很失望，下令撤掉了他所有的职务，并将他贬为平民，遣送回老家。

车出洞穴，他发现山川依旧。走进家里，他看见自己的身子还睡在廊下。他又惊又怕，不敢上前。随行的使者大声呼叫，睡在廊下的他终于醒了。原来这一切是一场梦！他做梦的时间虽然很短，但是在梦里已经过了一世。

他把梦境告诉朋友后，他们按照梦境来到大槐树下。发现大小两个蚂蚁洞被掘出来了，正对应着梦里的大槐安国和南柯郡。哎，这真是世事如烟，人生似梦。

近义词：
黄粱一梦、白日做梦

反义词：
梦想成真

náng zhōng xiū sè

囊中羞涩

指经济窘迫，手头拮据。

魏晋时期，以“竹林七贤”为代表的奇葩和妙人像雨后春笋般涌现出来。如阮籍，一不高兴就朝人翻白眼；如阮咸，和猪一起喝酒；如刘伶，赤裸身体在家中见客，还对客人大笑：“我把房子当成裤子，你们怎么跑到我裤子里来了？”

阮孚是阮咸的儿子，阮籍的侄孙，也是不亚于二位长辈的候补奇葩。他喜欢收藏木屐，有时一边给木屐上蜡，一边感叹：“人的一生啊，不知道能穿几双好鞋？鞋还是那双鞋，人已不是那个人了。”

阮孚被东晋皇帝任命为镇南将军。他从南京出发去广州上任，一路上旌旗招展，威风凛凛。途经浙江明招山时，他爱上了这一带山明水秀的风光，便对官兵们说：“我不想去广州当什么将军啦，就想在这山水间流连。你们回去禀报皇帝，就说我死了，不要管我啦。”

因为不善治家，阮孚生活常常不宽裕。他曾背着一个袋子到会稽游玩。人家问他袋子里装着什么。他说：“袋子里装着一文钱。”

“这么大的袋子，为什么只装一文钱呢？”

“我是怕空袋子感到孤独羞涩，所以放一文钱给他做伴儿。”

明人张岱曾说，没有癖好的人不值得交往，因为他们没有真性情。魏晋时期是中华文明美学的高峰。那时的“奇葩们”都拥有值得后人神交的有趣的灵魂。

近义词：

囊空如洗、一贫如洗、床头金

反义词：

金玉满堂、腰缠万贯、富甲一

这什么人啊……还背一大破袋子干什么……
据说里面就装了一文钱。
不要问我到哪里去，相见不如怀念。
阮孚

nòng qiǎo chéng zhuō
弄巧成拙

本想要弄巧妙的手段，结果反而坏了事。

孙知微是北宋著名的画家，擅长画人物。有一次他受人委托，画一幅《九曜星君图》。朋友请他去饮酒的时候，他已经将人物勾画得栩栩如生，仙气飘飘，只剩下最后一道着色的工序了。他对弟子们说：“这幅画只剩下着色了。你们小心一点儿，别上错色了。我回来的时候，你们应该完成作品了。”

孙知微走后，弟子们围着画作仔细观摩。对师傅用笔的技巧和构图的高妙，弟子们很钦佩，不停地交流心得。只有一位叫童仁义的弟子一言不发。

“你有什么高见吗？”众弟子问童仁义。

他故作高深地说：“这个宝瓶好像少了点儿什么。”

等众弟子猜了半天，他才说：“师傅每次画瓶，总要在瓶中画一枝花，可这次却没有，应该是他急着出门，来不及画了。我们把花画好再上色吧！”

他自作主张地在瓶中画了一枝花后，摇头晃脑地等着师父回来夸他。

孙知微醉酒回来，看自己画中的瓶子里居然多了一枝花，大惊失色：“有妖怪。这瓶子里怎么会飞来一枝花？”

弟子们说：“是童仁义添上去的。”

孙知微批评说：“他真是干了一件蠢事，比画蛇添足还糟糕，完全是弄巧成拙。这个瓶子是降服水怪的镇妖瓶，不是普通的花瓶啊。”

见童仁义委屈得哭了，孙知微又说：“瞧你委屈的样子！绿豆大的眼睛，怎么流出了比土豆还大的眼泪。”

近义词：
画蛇添足、多此一举、聪明反被聪明误

反义词：
恰到好处、歪打正着

pán gēn cuò jié
盘根错节

形容事情错综复杂，很难处理。也形容某种势力根深蒂固，难以铲除。

虞诩是东汉时期的名臣。他十来岁时就成了孤儿，一直孝顺奉养祖母。直到祖母去世，他才出来做官。

后来，朝歌县有数千人造反，他们杀了官吏，聚众作乱，把县城搞得像无法无天的花果山。朝廷派兵镇压，却始终无法平息祸乱。朝歌县就像是高压锅和火药库，随时会惹出更大的麻烦。因此，虞诩的政敌举荐他去朝歌当县长，想把他往火坑里推。有官员议论说：

“他去朝歌当官，恐怕得带着棺材去。”

“朝廷有人想借刀杀人，他这下倒霉了。”

虞诩哈哈一笑：“借刀杀人？我才是借刀杀人的老祖宗，经营刀具的‘中华老字号’。你们以后就知道了。”

他又对朋友说：“砍树时不遇到坚硬的盘根错节，就显不出斧头的锋利。朝歌现在的局面正可以让有本事的人显露才华。如果这样的难题我都能解决，就没有什么

可以难倒我的了。”

他到了朝歌，高薪招聘坏蛋。人们都大吃一惊。招聘消息一出，头上长疮、脚底流脓的各位“俊杰”，纷纷投奔他。

虞诩先让这些人混入叛军，煽风点火，故意搞破坏，然后趁机派人杀了很多叛贼。这就是他借刀杀人的计谋。他又派人为叛贼缝衣服，用红线在衣襟上做标记。后来叛贼穿着这些衣服走到街上，都被官兵抓住了。朝歌很快就安定了下来。

近义词：
错综复杂

反义词：
一目了然、简明扼要

pò fǔ chén zhōu

破釜沉舟

把锅都打破，船都弄沉。比喻不留退路，下定决心一拼到底。

秦朝末年，各地人民纷纷起义，原来被秦灭掉的各国，也逐渐复国。

赵国复国后不久，秦将章邯将赵国军队包围在巨鹿。楚怀王派宋义和项羽等人去巨鹿解救被围的赵军。宋义在途中逗留一个多月不前进，坐山观虎斗。项羽着急地催促他进军：“现在这形势就像火烧眉毛。我们应该和赵军里应外合，打败秦军。”

宋义却说：“打仗你比我厉害，但是使用计谋，你比不上我。还是等秦赵两军先打个你死我活，我们再打秦军就容易多了。”

项羽说：“今年粮食收成不好，百姓贫困，士兵也只能吃些蔬菜和豆子。楚王急得坐立不安，每天都要吃大把安眠药才能睡一会儿。你倒好，躲在这里摆酒席大吃大喝。”

宋义不理会项羽，还对将士们说：“没我的命令，谁也别想出击。谁不怕死，我先让他死个痛快。”

项羽心想，不能再等宋义想鬼点子了，我要先让他去做鬼。他谎称执行楚怀王的命令，斩杀了宋义，然后率军渡过黄河。项羽让全军吃了顿饱饭，每人只准带三天干粮。有人问他：“晚上还剩了一点儿鸡汤，要不要留着明天给您做一碗鸡汤面？”

项羽怒吼：“我说了只准带干粮，鸡汤是干粮吗？你小学语文及格了没有？”

“为什么是三天的干粮？”又有人问他。

“三天之内，秦军不死翘翘，我们就该死翘翘。通往地狱的这班车，你们以为谁该买票坐上去？”

“让秦军超载，让秦军翻车。我们要把他们的头盔当尿壶。”将士们高喊。

项羽下令：“把锅砸烂，把船凿沉，把房屋全部烧掉。我们有进无退，只有排除万难，拼死一战。”

厨师哭着去砸锅了，一边砸一边流泪唱着：“我和我的汤锅，一刻也不能分隔，无论我走到哪里，都炖着几只乳鸽……”

秦军本来想把赵军包成饺子，结果自己反被项羽包了。没有退路的楚军，最终大败秦军。项羽不仅解了巨鹿之困，还让秦军一蹶不振。两年后，秦朝灭亡了。

近义词：
背水一战、孤注一掷、义无反顾

反义词：
瞻前顾后、望风而逃、举棋不定

qí huò kě jū

奇货可居

把稀有的货物储存起来，等待高价卖出去。比喻凭借某种独特的技能或成就，作为要求名利地位的本钱。

经商的秘诀是什么？可以说是低价买进，高价卖出。但怎样才能把东西卖出高价呢？珠宝能卖出高价，石头则不能。说到底，还是要懂人性，识人心，知道人们的欲求在哪里，知道挠他们身体哪个地方他们才会舒服。

吕不韦是战国末期的大商人。他一生最成功的一笔生意，是低价买进国王，最后高价卖出。

秦昭王有很多孙子，可以组成几支足球队冲击世界杯了。

这么多孙子，自然无法雨露均沾地得到秦昭王的关注和宠爱。其中一个孙子名叫异人，被打发到赵国当人质。

异人也确实异于常人。吕不韦到邯郸做生意，第一次见到异人，领教了他的谈吐和风度，不禁大喜，心想：异人真像一件奇特稀有的商品啊，可以囤积居奇，以后卖高价。贩卖珠宝，就算获利一百倍又有什么了不起；贩卖国王，可以赚到整个天下啊。

异人在赵国的生活并不富足。而对于吕不韦来说，能用钱解决的问题，都不是问题。他给了异人很多钱，还对他说：“你爸爸的夫人多，可以组成

一支女子足球队。你妈妈是候补队员，只能坐冷板凳。最受宠的是华阳夫人，偏偏她却没有儿子。你应该投靠华阳夫人，争取她的支持。你爸爸现在是太子，将来你做了太子，她也有依靠，正是两全其美啊。”

异人依计而行。吕不韦用重金和游说打动了华阳夫人。异人从此也受到了父亲的重视和关照。

近义词：
囤积居奇、投机倒把

反义词：
弃如敝屣、一文不值

后来秦赵发生战事，赵国想杀死异人泄愤。吕不韦又用重金贿赂守城官吏，才和异人脱身逃回秦国。吕不韦还有些后怕：贩卖国王这档生意利润是够高，风险也是够大的，差点丧命亏老本了。

秦昭王去世后，异人的父亲守孝一年后继承王位，可三天后就死了。异人即位，就是秦庄襄王。

古时候，国王更替的频率有时候就像长途汽车的班次一样。国王的价值，也就相当于长途汽车。全体国民就是乘客，汽车不停地换，乘客只顾玩手机，或者看窗外的风景，谁会盯着汽车看呢，谁当国王都差不多，算不得什么稀罕事。

新的“长途汽车”，让吕不韦当了丞相，也就相当于老司机。吕不韦有钱，又有三寸不烂之舌，可以说服整个世界，但唯独说服不了死神。秦庄襄王在位仅三年，三十五岁就死了。他的儿子，就是后来的秦始皇。

qǐ rén yōu tiān

杞人忧天

借指为不必要忧虑的事忧虑。

有一个杞国人，身材肥硕，胆子却很小。他走在路上，腰上要挂两个铅球，因为担心大风把自己吹走。

夏日下暴雨，雷电交加。他躺在床上，听见炸雷的巨响，惊恐得脸色苍白。这么强烈的雷暴，会不会把天炸塌了？他索性躲到床底下，瑟瑟发抖。屋外的积水越来越多，就算天没塌下来，雨水冲进来也很可怕啊。他又找来绳子，把自己捆在一个床脚上。

他相信，天可能会塌下来，这是他的重大发现。他准备在屋后挖地窖储存粮食，天如果真塌下来的话，他还可以躲进地窖活下去。

他开始实施这个避险计划，挖洞，采购粮食。他总是在大树下面走，想着万一天塌了，大树也许还能抵挡片刻。或者紧跟在高个子后面，万一有什么危险，他就准备躲到高个子的身后。

紧张的情绪让他连着几晚失眠，脸色苍白。他又想，如果天塌了，其他人都死了，剩他一个人可怎么办。他把这个想法告诉了大家。大家哈哈大笑：“从来没有谁见过天塌下来呀，连一个小碎片都没掉下来过，你不过是在自寻烦恼罢了。”

近义词：
庸人自扰

反义词：
高枕无忧、无忧无虑

qiān jūn yí fà

千钧一发

千钧的重量系在一根头发上。形容情况极其危急。

刘濞是汉高祖刘邦的侄儿，性情勇猛。他曾跟随刘邦率军打仗，后被封为吴王。刘邦召见他后，端详着他的面相，又有点儿后悔让他当吴王了。刘邦说：“你这张脸啊，造型有点奇特，让人害怕。”

“我长什么样那是爹妈精心设计的。他们事先也没有征求过我的意见啊。”刘濞笑嘻嘻地回答。

“好吧，我们不探讨生物学了，讲讲军事学吧。我预感东南方向将来要大乱，希望不是你要造反。天下都是我们刘家的，你可不要轻举妄动。”

后来文帝即位。刘濞的儿子刘贤进京，陪皇太子喝酒下棋。有一次，两人因为下棋吵架，太子失手把刘贤打死了。刘濞从此心生怨恨，有了谋反的想法。他说：“我的宝贝儿子死了。这个生物学问题要变成军事学问题了。”

枚乘是文学家，当时担任刘濞的秘书，察觉到了刘濞的想法，就上书劝阻他说：“您的想法，就像在一根发丝上吊着千钧重物，是十分危险的。”

刘濞反驳说：“等我当了皇帝，你可以开个洗发水公司。广告词我已经替你想好了：即使千钧一发，我也绝不脱发。”

后来景帝削藩，诸侯惶恐，于是刘濞联合其他诸侯反叛，史称“七国之乱”。但他没有成功，最后不光掉了头发，还掉了头。

近义词：
岌岌可危、危如累卵、危在旦夕

反义词：
安然无恙、稳如泰山

你就开个洗
发水公司，广告词我都
替你想好了！
刘濞
即使
“千钧一发”，
我也绝不脱发！
发
您的想法太太
危险了！这是“千钧
一发”啊！
枚乘

qián lǘ jì qióng

黔驴技穷

借指仅有的一点本领也用完了。

很久以前，贵州一带没有驴。有人用船从外地运来一头驴。大家都很稀罕，跑来看驴是怎样的一副尊容。有人还会摸摸他的身体。

驴在别的地方整天干苦力，忍受鞭子的抽打，何曾享受过如此轻柔的抚摸。他感觉自己成了明星，自尊心得到了极大的满足。他还感觉自己有了点儿少女情怀，很想对着星星、月亮和微风倾诉点儿什么。经过小河，他总要看看自己的倒影，觉得自己的仪容十分俊秀。

“我现在身份不一样了，伙食也应该改善。以前的主人老给我喂秸秆，现在我要吃稻米。”驴暗暗盘算着。

很快，有个画家慕名而来。画家让他站在树荫下享受美食，自己却站在大太阳下给他画像。

“这个画家脑袋是不是被我踢了？我都知道树荫下舒服，他却偏偏要站在太阳下画画。”驴不光觉得自己美，还自以为很聪明。

主人把驴放在山下。老虎也从没见过驴，被这个庞然大物吓着了，躲在树林里偷偷观察。有一天，来看驴的人比较少，驴很寂寞，朝天长嘶一声。老虎以为驴要进攻自己，吓得赶紧逃跑了。

老虎平复了紧张情绪，又返回原地继续观察。他渐渐觉得驴好像没什么特别的

本事，就走上前，试探着摸了摸驴屁股。驴觉得自己身份尊贵，未经许可谁都不能乱摸。

“你是谁，你又知道我是谁吗？”驴大吼道。

“我是虎，我知道你是我的菜。”虎哈哈大笑。

驴恼羞成怒，踢了老虎一脚。老虎身手敏捷地躲开，正以为驴要展开第二拨进攻呢，却发现他只是呆呆地站着。

“原来这傻大个只会踢腿啊。”老虎大喜，猛扑上去一下子咬住了驴的脖子。

“别咬我的脖子，你的牙齿咬坏了，还要看牙医的。”

驴子以为自己的善良可以打动老虎，可老虎哪里管这些呢。最后他还是成了老虎的美餐。

近义词：
无计可施、机关用尽

反义词：
神通广大、三头六臂

qǐng jūn rù wèng

请君入瓮

比喻以其人之道还治其人之身。也借指设计好圈套引人上当。

春秋时期有个伟大的发明家名叫鲁班，可以被形容为“人类的恩人”。唐代也有个发明家，但他可以说是“人类的敌人”。他叫周兴。

唐高宗驾崩后，武则天自立为帝。女皇帝之前可是从未有过。武则天害怕大臣们反对她，于是重用周兴、来俊臣这样的酷吏。武则天不喜欢谁，周兴就逮捕谁。为了逼这些人认罪，周兴发明了种种骇人听闻的酷刑。正直的大臣们人人自危，每天上朝前，都要和家人进行如下的对话——

家人说：“今天早点下班啊。”

大臣说：“我能不能下班，还不知道呢。说不定我就直接下地狱了。”

后来周兴也被人告发谋反，武则天让同样心狠手辣的来俊臣审问他。因为两人都是整人专家，来俊臣觉得有点儿像厕所里吃包子——不好开口。他觉得如果不能一下子制服周兴，说不定以后还会被他反咬一口。于是来俊臣请周兴吃饭，席间问他：

“嫌犯不招供，你有什么好办法吗？”

“那还不简单。我把大瓮放在火中烤热，再把嫌犯塞到大瓮里。晚一秒招供他就成烤火鸡了。”

“好好好，有火鸡吃啦。”

来俊臣让人点火烧大瓮，对他说：“我收到举报，说你想造反，现在就请你到大瓮里休息休息。”

周兴吓得跪倒在地，连连磕头说：“我有罪，我招供。”

近义词：
以毒攻毒、以牙还牙

反义词：
以德报怨、得饶人处且饶人

这可是你自己想的好主意呢！快进去休息休息吧~
来俊臣
对不起，我错了！我有罪！我求恕了！呜呜呜
瓮
周兴
还是不休息了吧，这辈子都不想休息。
咚！

曲突徙薪

qū tū xǐ xīn

比喻预先采取措施，防止灾祸发生。

一个天性谨慎的人去朋友家做客。朋友家的烟囱很直，灶里火势很旺，灶边又堆着很多柴草。这个人看在眼里，有些担心，就对朋友说：

“我建议你把烟囱改成弯的，把柴草搬到离灶远一点儿的地方，更安全。”

朋友满不在乎地笑笑：“我认识你有二十年了吧，为什么你人长大了，胆子反而变小了呢？你赶紧去看精神科医生，按时服药，别耽误了病情。”

这个人坚持说：“灶里火太大，火星子都飞出来了，容易着火。”

朋友不高兴地说：“你再乱说，我心里的火更大啦。”

这个人失望地回家了。过了几天，朋友家的灶果然引发了火灾。那时还没有发生火烧赤壁的故事，是火烧隔壁，邻居们都来救火。朋友大喊：

“火太大，要是有自来水和消防车就好啦！”

“科幻小说看多了吧，自来水和消防车要到两千多年以后才出现。”

“等两千多年，地球都烧成臭鸡蛋了。”

大家齐心协力，终于灭了火。有人衣服被烧光，把地球当成了澡堂子；有人和眉毛永远说再见，眼睛孤零零地挂在脸上；有人嘴唇烧焦了，唇膏店老板失声痛哭。朋友哀叹说：“我以前让别人去看精神科医生，没想到是邻居们要去看烧伤科医生。”

为了表示歉意和感谢，朋友把房子修好后，杀牛买酒，办了一桌酒席宴请邻居们。

邻居们都高兴不起来，只有桌上的卤猪头一副开怀大笑的模样。有个邻居说：“要是你听了人家的话，把烟囱改成弯的，把灶边的柴草搬走，应该就不会着火，我们也不会坐在这里吃饭。提出‘曲突徙薪’的人才最应该成为你的座上宾啊。”

朋友猛然醒悟，决定去请这个人再来家中做客。

近义词：

防患未然、未雨绸缪

反义词：

临渴掘井、临阵磨枪

曲高和寡

qǔ gāo hè guǎ

曲调越高深，能跟着唱的人越少。比喻思想、言行、作品等高深，少有人能理解、接受。

宋玉是战国时期楚国著名的辞赋作家，文采斐然，出口成章。相传他师承屈原，后人常以“屈宋”并称二人。据他自己说，曾有绝世美人趴在墙上偷看他三年，而他对那位美人不理不睬。有人怀疑是他眼神儿不好，其实那位美人只是个稻草人，或者只是个摄像头，不巧被飞来的破衣服遮住了，才看起来像人。有人背后议论说：“宋玉这小子除了长着一张整容脸，我拿着显微镜看，也找不出什么别的优点。”

楚襄王欣赏宋玉的才华，常带他外出游玩。当楚襄王听说有人在背后说宋玉的坏话时，就问他：“你是不是做了什么坏事？现在可有很多人说你不好呢。”

宋玉委婉地讲了个故事：“曾经有歌手在都城唱歌。他最开始唱的是《下里》《巴人》这类通俗歌曲，有几千人都跟着唱，好像个个都是帕瓦罗蒂和多明戈。等歌手唱《阳阿》《薤露》这些有一定艺术水准的歌曲时，就只剩几百人跟着唱，大部分装帕瓦罗蒂的人都装不下去了。有人借口去

看望去世多年的爷爷，有人谎称要去小学接尚未出生的孩子，有人要去和子虚乌有的朋友约会。当歌手唱《阳春》《白雪》等高雅的歌曲时，几百个‘多明戈’又跑得只剩下几十个在跟着唱。最后歌手唱技巧和难度最高的歌曲时，能够跟着唱的就只剩几个人了。这种现象说明，在楚国真正能欣赏高雅艺术的人不多啊。”

宋玉想通过这个故事表明自己的志向和品行都很高洁，能理解和欣赏他的人不多，也不会介意别人是否理解和赞同他。

近义词：
对牛弹琴

反义词：
雅俗共赏、知音识趣

孺子可教

rú zǐ kě jiào

指年轻人有出息，可以把本事传授给他。

张良是帮助刘邦建立汉朝的重要功臣，出身于韩国的贵族世家。韩被秦灭国后，张良找到一个大力士，意图在秦始皇东巡途中，用大铁锤把他砸成肉饼。可惜车队浩浩荡荡，他不知道秦始皇坐在哪辆车中，最后被砸成肉饼的是另一个倒霉蛋。秦始皇从车上跳下来，得意地大叫："我没事，我没事，血压正常，心跳正常，呼吸相当顺畅，好像长了八个鼻孔。"

秦始皇下令抓捕凶手，张良潜逃。大力士也不知去向，据说改行经商，生产"力士"牌香皂。

有一天，张良在下邳的桥上散步。一个老人故意把鞋扔到桥下，还不太礼貌地让张良去捡起来。看在老人年纪大的份上，张良耐着性子去桥下捡破鞋。老人还不满意，又让张良给他穿上鞋。拿着散发着臭鱼味道的鞋子，张良不满地说："你这个老人家，为老不尊啊。为什么非要我给你穿鞋不可呢？"

话虽这么说，张良还是好人做到底，帮老人穿上了鞋。

老人一句感谢的话都没说，起身就走。在张良的“大中华地区最讨厌人物排行榜”里，秦始皇本来高居第一位，现在见了这糟老头，他觉得秦始皇要屈居第二了。过了一会儿，比秦始皇还讨厌的那个老人又走回来，对他说：“小伙子不错啊，孺子可教。”

近义词：
百里挑一、秀出班行、人中之龙

反义词：
酒囊饭袋、不堪造就、朽木不雕

老人约张良五天后再到桥头见面。张良倒很想知道老人要教他什么。五天后的凌晨，刚听到鸡叫，他就飞奔到了桥上。老人已经提前到了，一见到他，老人就呵斥他说：“你怎么能比老人还起得晚呢？五天后再来吧。”

又过了五天，老人再次比张良到得早，又让他下次再来。第三次，张良索性半夜就到桥上蹲着，差一点儿被蚊子咬得肿成了胖子，一身露水，好像刚从河里爬上来。

原来，老人就是传说中的著名隐士黄石公。他被张良的诚意和隐忍打动，送给他一部兵书，并说：“这本书在外面买不到。十年后，天下要大乱，你读懂了它，就可以兴邦立国。”

张良从此精研兵书，成了深谙文韬武略之士。他足智多谋，跟随刘邦建功立业，和韩信、萧何并称“汉初三杰”。

sān gù máo lú
三顾茅庐

比喻诚心实意地一再邀请。

官渡之战，以曹操为代表的寒族击败了以袁绍为代表的士族，是历史上以少胜多的著名战役。从此，曹操的势力迅速强大起来。

刘备也被曹操揍得鼻青脸肿。他听说有个奇才名叫诸葛亮，只要能得到他的帮助，得天下就不是难事。他的心情顿时由阴转晴，于是和关羽、张飞带上礼物，去卧龙岗拜访诸葛亮。

可惜诸葛亮不在家。他的书童说不知道他什么时候回来。张飞不耐烦地说："什么诸葛亮，应该叫诸葛不亮。家里光线这么昏暗，他真喜欢看书吗？"

关羽环顾清雅的环境，也笑着说："环保小达人和农民企业家的定位，恐怕更适合诸葛亮。"

"你们不要乱讲。别人说他可比姜子牙和张良呢。"

刘备第二次拜访时，正是隆冬严寒时节，鼻涕快冻成了冰棍，穿三件保暖内衣还浑身发抖。书童把他们领进院子里，听见有人在唱歌，刘备三人就在草堂外等着。

张飞说："上次来，听见有人唱他写的歌。这次听见他自己唱歌。我们和曹操是争天下，可不是K歌大赛啊。"

"你没听见这歌里唱的都是他的志向吗？"刘备说。

等歌唱完，刘备走进草堂，才得知诸葛亮不在家，唱歌的是诸葛亮的弟弟诸葛均。刘备只好写了信留给诸葛亮，准备下次再来。路上，张飞又说：

“大哥，你信里写得好肉麻啊。你见个诸葛亮还用得着斋戒、沐浴、熏香？”

“不这么做，就显不出我的诚意。”刘备答道。

刘备第三次准备去拜访时，张飞不高兴去了，说直接派人把诸葛亮绑来更省事。关羽也不乐意，说诸葛亮只是徒有虚名。

刘备坚持要去。这次他们到了后，终于得知诸葛亮在家。听说诸葛亮正在午睡，刘备就在草堂台阶下安静地等着。诸葛亮睡醒后，被刘备的诚意打动，最后答应出山辅佐他建功立业。

近义词：

折节下士、礼贤下士

反义词：

拒人千里、置若罔闻

sān lìng wǔ shēn

三令五申

再三命令和告诫。

孙武是历史上著名的大军事家，被后人尊称为“武圣”。春秋末期，遍地狼烟，为了避乱，孙武从齐国逃到了吴国。这时的吴国刚好有要崛起的迹象，他可以在此一展抱负。

孙武去拜会仰慕已久的伍子胥，把自己的著作《孙子兵法》送给了他。《孙子兵法》不是教人当孙子的兵法，恰恰相反，是教人当大爷的。谁如果精通了兵法，就可以在战场上砍瓜切菜，笑傲江湖，不就相当于大爷了嘛。

伍子胥把他推荐给了吴王阖闾。吴王读了兵法，激动得蹦了起来，差一点儿撞到天花板，立即让伍子胥重金聘请他。吴王确信孙武是帅才，开玩笑说：“你带领军队肯定没问题，不知道指挥女孩子们行不行啊？”

吴王从后宫里挑出许多美人。孙武将她们分成两队，命令她们拿着长戟。美人们平素柔弱得像柳条一般，纷纷抗议：“我要晒黑了，天哪，我可不想变成大猩猩。”

“我的手只会拿眉笔，可拿不动这么大的兵器。”

“孙武太不解风情了，打仗是我们女孩子做的事吗？”

孙武问身边人：“‘不解风情’是什么意思？”

“就是不了解风的情况。”

孙武说：“天气热，没风就不打仗吗？敌人杀过来了，你难道说，让我多睡一会儿吧，你们等一会儿再来？”

说完，孙武就击鼓发出操练号令，可美人们不听指挥，还在叽叽喳喳说个不停。他又耐心地再次说明纪律，继续操练。结果美人们还是把他的话当耳旁风。于是，他下令说：“把这两队的队长拉出去砍了。”

吴王立刻阻止说：“请手下留情。”

孙武摇头说：“大王现在让我担任将军，将军领兵在外，战争形势瞬息万变，即使大王有命令，我也可以不遵守。”

看着两个队长真的被杀，其他美人都吓得魂飞魄散。孙武再次击鼓号令，她们都变得很温顺，规规矩矩地操练。吴王最终任命他为将军。

近义词：
千叮万嘱

反义词：
言之不预

shēn wú cháng wù

身无长物

身边没有多余的东西。形容贫穷或俭朴。

东晋的王恭虽然做过将军、刺史和太子的老师， 但是他生活很俭朴。在人们眼里，他就像是将军的马夫、刺史的随从和太子老师的小秘书。

王恭姿态高雅，风度翩翩。有一个下雪天，他身披鹤氅裘，在雪地里漫步。别人看见了，不禁赞叹说:“您真是神仙一样的人啊。”

有一次，他从绍兴回南京，带回一张精美的竹席。他的朋友王忱去拜访他，看见这张竹席，很喜欢，恨不得在上面打几个滚。他对王恭说:“绍兴可是盛产竹子，这么好的席子，你带回来不少吧，送我一张可以吗? ”

王恭没有说话，只是笑笑。等王忱走后，他让人把竹席送到王忱家里。王忱高兴极了，立刻洗了澡，在竹席上翻滚了一夜。

“真凉爽啊，每一根骨头里都像塞满了冰激凌，血管里流的都像是冰红茶。”

仅有的一张竹席送人了，王恭只好坐在草垫子上。有时弓着腰看书，像孵蛋的母鸡。王忱听说了，十分抱歉地对他说:“我以为你有很多竹席呢! 真不应该跟你要它。”

王恭还是淡淡地笑着:“你还是不了解我，我的身边向来没有多余的东西，竹席当然也只有一张啊。”

近义词:
一贫如洗、一无所有、家徒四壁

反义词:
腰缠万贯、富可敌国、金玉满堂

王恭
哈哈……你喜欢就好……拿去用吧~
开心
滚来~
滚去~
睡凉席，吃冻粉。透心凉！
王忱

势如破竹

shì rú pò zhú

形容节节胜利，毫无阻碍。

西晋名将杜预文武双全，是唐代诗人杜甫的先祖。在文方面，他参与制定法律，写过许多儒学著作，有的至今仍是学者们必读的经典；在武方面，他参与了消灭蜀汉和孙吴的战争，立下了很大军功。

蜀汉被灭后，刘禅乐不思蜀地到洛阳养老，孙吴仍控制着长江中下游以南地区。

如果你身边有一个坏蛋，手里还拿着刀，你还睡得着吗？在当时的晋武帝司马炎眼里，孙吴就是这样一个坏蛋，必须除掉。

西晋前线的主帅羊祜死后，杜预主持灭吴战事。西晋内部的反对派却鼓噪唇舌，动摇了司马炎的决心，将灭吴计划推迟。

杜预得知司马炎变卦，着急地三次上书表达灭吴的决心。司马炎看到他的第三次上书时，正和大臣张华在下围棋。张华不顾君臣之礼掀翻棋盘，规劝司马炎。司马炎终于决定发动灭吴战争。

西晋攻占江陵后，天气

渐热，雨水增多，一些士兵水土不服，上吐下泻。有人对连续进军产生畏难情绪，建议说：

“要不，我们冬季再打？争取去南京开春节联欢晚会。”

“不，我更喜欢夏日的狂欢，阳光，沙滩，海浪，仙人掌，还有一位老船长。”

杜预反对退兵：“现在我们已经打出声威，胜利一个接一个，就像快刀劈竹子，前面几节劈开后，后面的刀刃一到就轻松解体了。”

战事的发展正如杜预所料。江南的杨梅还没上市，孙吴政权已经像熟透的果子一般落入西晋的囊中。听说刘禅当年投降是光着膀子，反绑双手，于是孙吴的末代皇帝孙浩也有样学样，照这个仪式投降了，好像在和刘禅搞健美比赛。三国鼎立的分裂局面，就此结束。

滚滚长江东逝水，浪花淘尽英雄。

近义词：
势不可当、摧枯拉朽、所向披靡

反义词：
溃不成军、望风披靡

shǒu zhū dài tù
守株待兔

照搬狭隘的经验，不知变通，应对不了新情况。或比喻妄想不用努力就能得到意外的收获。

“锄禾日当午，汗滴禾下土。我来修地球，媳妇啃排骨。”

宋国一个农夫坐在田埂边的石头上休息。烈日当头，他一边喝着枸杞菊花茶，一边随口吟了这四句诗。是啊，生活不只有枸杞，还应该有诗和远方。

人到中年，犹如船行至中流，正在要紧关头，不能把身体累坏了呀。半天时间，他把地里的土都翻了一遍，累得腰酸背痛。

忽然，他看见田间有一只野兔。他大喝一声，兔子惊恐地跑出来，一头撞在树上，头颈折断而死。

“嗯，这个死法很新奇，一点儿血都没流。”

农夫捡起兔子，高兴得像兔子一样蹦了起来。本来农夫还想给地浇点儿水，看着送货上门的大餐，他决定马上回家。

晚上，吃完香辣兔头，妻子说：“要是天天都能捡到兔子，我们就不用辛苦地养鸡种田了。”

“兔子多体贴人，知道你要吃肉，它就一头撞死。鸡不懂事，杀只鸡太费劲啦。”

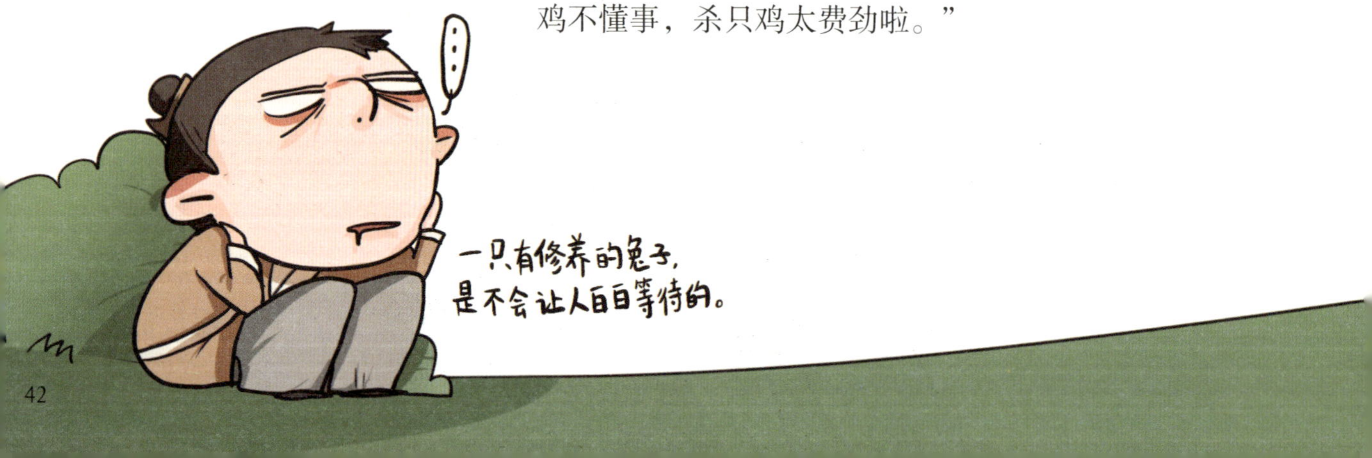

农夫想，每一棵树下都有可能捡到死兔子。田里那么多棵树，他要眼观六路，所以要喝更多的枸杞菊花茶养眼。

“我们的好日子，就靠你敏锐的目光了。放心吧，枸杞菊花茶无限量续杯，喝到你不想喝为止。”妻子说。

第二天，农夫早早去田里，准备多捡几只兔子。从清晨到正午，一只兔子都没有。从正午又熬到黄昏，兔子倒是见到一只，但它驾驶经验丰富，绕开树跑了。

“我不只是在等兔子，还是在等不会拐弯的兔子。”农夫喃喃自语。

直到季节更替，年关将近，农夫再也没有捡到过死兔子。他的妻子每天都在骂兔子，骂兔子不够傻，骂兔子玩弄人类的感情。

“如果兔子不傻，那我们就是傻瓜了。”农夫终于承认失败。

“宝宝心里苦，明年要吃土。”妻子忍不住哭喊起来。

近义词：
刻舟求剑、胶柱鼓瑟

反义词：
随机应变、见机行事

shù shǒu wú cè

束手无策

形容遇到问题拿不出解决的办法。

文天祥是南宋末年的政治家、文学家，他中了状元后，父亲去世。根据当时礼法，他应当在家守制三年。因为宦官董宋臣擅权，蒙古军队又大举攻宋，南宋政权风雨飘摇。文天祥出任官职后，立即上奏宋理宗，献上四个救国之策，并请求杀掉主张迁都躲避战事的董宋臣。

其中的第三个对策是扩充兵源，每二十家抽一人当兵，可以增加十万兵力。文天祥警告说：“朝廷如果不改革的话，就像两只手被捆住了，毫无办法，肯定会输掉战争。”

英雄不问出处，狗熊不问岁数。宋理宗当皇帝当成了老油条，虽然山河破碎，但倒霉的是老百姓，他该享受的一点儿都没耽误。在陆秀夫、文天祥这样的忠臣眼里，董宋臣当然不是个东西。但在理宗眼里，他可是个宝贝疙瘩，能满足自己的穷奢极欲。

文天祥的奏章被压下，没有上呈到皇帝面前。后来，奸臣贾似道靠赔款和割地两招，求得了暂时的和平，在锣鼓喧天中回到临安。文天祥哀叹：“贾似道把长江以北都割让了，却得意得像统一六国的秦始皇。贾似道在不要脸这一点上是冲出亚洲，走向世界了。”

贾似道想拉拢文天祥这个难得的人才，碰了钉子。因为拒绝和贾似道、董宋臣这样的奸臣合作，文天祥为官几经沉浮。当蒙古大军再度侵犯摇摇欲坠的南宋时，年仅三岁的宋恭帝赵显即位，文天祥奉旨起兵勤王。这位一代文魁拿出全部家产充当军费，投入到烽火连天的战争中。

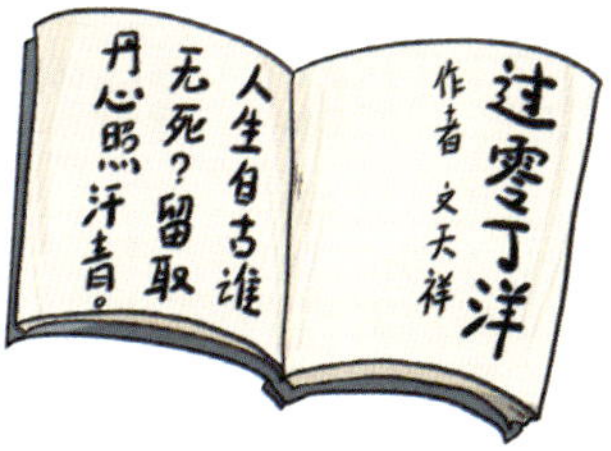

四年后，文天祥在广东被俘。在崖山海战中，元将张弘范带着他一起观战。太后跳海，陆秀夫背着小皇帝赵昺跳海，十万大宋子民也都战死或跳海。文天祥痛哭流涕地说：“让我看大宋的覆灭，就是在对我施酷刑啊。”

他被押送到元大都后，忽必烈派许多人来劝降，其中包括早已投降的宋恭帝。他还是个小屁孩，不当皇帝了，提前五十年退休。

早已投降的皇帝，来劝降不肯投降的臣子，这一幕多少有些荒诞。文天祥行了跪拜大礼，强忍泪水说：“我们君臣缘分已尽，您请走吧。”

忽必烈想让文天祥当宰相，也被他拒绝。蒙古铁骑纵横天下，但面对文天祥，不也是束手无策吗？忽必烈只好处死了他。

让我们诵读一遍文天祥的诗句：人生自古谁无死？留取丹心照汗青。

近义词：
一筹莫展、无计可施、走投无路

反义词：
运筹帷幄、足智多谋

shù zhī gāo gé
束之高阁

把东西捆起来，放在高高的架子上。指弃置不用或置之不理。

东晋时期，玄学风行。人们认为大地就像口大锅，根本想不到地球是个超大的旋转木马，但他们也在思考宇宙问题，倡导逍遥解脱的生活态度。那些出身高贵、仪表潇洒、言谈玄妙的士人名声大噪。

殷浩就是当时著名的玄学大师。朝廷想征召他做官，他总是推辞。许多官员把他当成隐居的诸葛亮，向他请教国家兴亡的大事。当时的安西将军庾翼也写信给他，劝他不要隐居，出来为国家工作。

庾翼在信中举了前朝王衍的例子。王衍小时候就优雅安详，“竹林七贤”之一的山涛见了他后，不禁发痴说：“世间怎样的女子，才能生出王衍这样的宝贝啊。”

王衍长大后精通玄学，言辞畅达。皇亲国戚想把女儿嫁给他，他靠装疯卖傻才脱身。他起初也不愿做官，整日谈玄论道。他做官后一路高升，但不能忠心谋国，只想着保全自己和家族。晋军被石勒打败后，王衍仍对石勒说自己不喜参政，还劝奴隶出身的石勒称帝。石勒大怒说：“你年轻

时就被朝廷重用，官当得这么大，现在国家衰败，你好像觉得自己一点儿责任都没有。你的脸皮简直比城墙还要厚。”

石勒命令士兵半夜推倒墙壁，埋杀了王衍。

庾翼信中举王衍的例子是想提醒殷浩，国家一旦衰败，个人地位再高也难逃一劫，应该放弃隐居和空谈，为国家出力。看殷浩仍不为所动，庾翼对旁人说：“殷浩这样的人现在只能被放在高阁上。等天下太平了，朝廷才能考虑让他们做一点儿事。”

随着东晋国势进一步衰微，殷浩终于决定出来做官。他曾率军连年北伐，都以失败告终，最后被罢官。被流放后，他经常用手指在空中写“咄咄怪事”来表达不满和失望。他精通医术，却医不好自己的心病。

殷浩的发小桓温，虽然一度与他是政敌，但是仍认为他足以胜任尚书令的职位，就写信邀请他就职。殷浩欣然答应，为写好回信，信纸反复开合，内容反复修改，最终忙里出错，他给桓温寄了一张白纸。两人从此绝交，友谊的小船不知废弃在哪个港口。两年后，殷浩在寂寞中了结了一生。

近义词：
置之不理、置若罔闻

反义词：
关怀备至、另眼相看、爱不释手

sī kōng jiàn guàn
司空见惯

指某事常见，不足为奇。

刘禹锡是唐朝大诗人。他二十多岁就跻身权力的中心，但因为锋芒毕露的性格，在官场上屡遭贬谪，被皇帝当成足球，到处乱踢。他的足迹可谓遍布中国大地。

有时候，他自己也很困惑：我到底是在做官，还是在旅游？夜宿驿馆醒来时，他会摸着自己的大脑袋问：我是谁？我在哪里？他拿出身份证看了又看，大声说：“没错，我就是刘禹锡，身份证号码是 01010101。”

当踢球的皇帝死了几个后，刘禹锡这个破足球终于被唐宣宗一脚射入洛阳的球门。

他从和州刺史的任上回到洛阳时，离最初被贬离开洛阳，已经过去二十多年。两个最好的朋友柳宗元和韩愈都去西天取经了，他只在路过扬州时，和白居易见了一面。他还特地写了一首诗，其中有两句为“沉舟侧畔千帆过，病树前头万木春”。他劳碌奔波半生，宛如一棵病树啊，也不知道属于他的春天还有没有。他的感慨太多了。

《唐诗三百首》里有一首《悯农》：锄禾日当午，汗滴禾下土。谁知盘中餐，粒粒皆辛苦。

这首诗的作者是李绅。李绅很仰

慕刘禹锡，就请他到家中做客。火树银花，笙歌院落，彩袖殷勤，香雾云鬟。宴上有美酒佳肴，还有美女轻歌曼舞。刘禹锡四处飘零，勤于政事，哪里享受过这么美妙的晚宴。他说：“以前看你写的诗，谁知盘中餐，粒粒皆辛苦，我还以为你多么节俭呢，看你这豪华晚宴，一大半都要浪费吧。”

李绅笑笑：“艺术是艺术，人生是人生。悯农只是怜悯农民，我如果不比农民生活得好，有什么资格怜悯农民呢？老鼠有资格同情猫的伙食不好吗？麦子有资格同情镰刀劳动辛苦吗？”

李绅何止比农民生活得好，他的奢侈已经到了惊世骇俗的程度。他喜欢吃鸡舌，每餐要杀三百多只鸡取舌头，院子里丢弃的鸡的尸首堆积如山。

刘禹锡于是又写了一首诗，其中有两句是“司空见惯浑闲事，断尽江南刺史肠”。司空是指李绅，他曾担任司空，江南刺史是指自己。

刘禹锡的意思是：这么豪华的晚宴，这么漂亮的歌舞，对你李绅来说是每天见惯了的，对我刘禹锡来说，真是少有的享受。我心情很复杂，人比人，气死人啊。

李绅死后被定性为酷吏，子孙也被剥夺了做官的资格。

近义词：
屡见不鲜、不足为奇、习以为常

反义词：
鲜为人知、绝无仅有、耳目一新

táng bì dāng chē
螳臂当车

比喻不自量力，妄图去做办不到的事。

从前，有一只螳螂在路上捡到一粒药丸，吃下去后发育异常，比普通螳螂大了一倍。他非常得意，走路就像跳探戈，吸引了同伴们的目光。他越来越骄傲。

有一天这只螳螂走在车水马龙的大街上。人们交谈说笑，步伐轻盈，身姿优雅。可这是人类的生活，他的生活只能是潜伏在树枝或草丛里，偷偷摸摸地吃小虫子。他受够了干这种没品位的勾当。

“或许，我能从人类那里得到什么灵丹妙药，吃下去后，就能变成人呢。”

这个想法让他兴奋了起来。他记得上次捡到药丸的地方，于是满头大汗地飞跑过去，奔向他的新生。一辆马车挡住了他的去路，他抬起脚，准备和车子搏斗。

坐在车上的是齐庄公。齐庄公问车夫，路上是什么虫子。车夫回答说：“是螳螂，不自量力的小虫。”

“如果他是人，倒是世间少有的好汉。”

为了显示自己敬重武士，齐庄公给他让了路。他更得意了，又朝第二辆车张牙舞爪。可第二辆车上的人根本不管他，直接把他碾成了肉末。

近义词：

蚍蜉撼树、以卵击石、不自量力

反义词：

量力而行、摧枯拉朽

tiān huā luàn zhuì

天花乱坠

形容说话有声有色，非常动听（多指夸大的或不切实际的）。

梁武帝萧衍是西汉名臣萧何的后人，他在执政初期，颇有一番作为。谁觉得才华被埋没，都可以给他写信自荐。他的生活也很节俭，每天只吃一顿饭，一件衣服穿几年。有人私下感叹：

“整天就是吃蔬菜和豆子，他这是当皇帝还是当山羊呢？”

“皇帝如果只有这样的生活质量，整个天下送给我，我都会把它当一块尿布扔掉。”

但晚年的梁武帝施政渐渐懈怠，喜欢下围棋，吟诗作曲，画画写字。皇帝当得不过瘾，他还兼职当和尚。他几次出家，朝廷又几次出钱将他赎回。他还下令僧人要吃素，汉传佛教才形成吃素的传统。

有一次，他听云光法师讲经。法师讲得绘声绘色，从早讲到晚，他听得入迷。上天也感动了，香花从空中缤纷坠落。

禅宗的达摩祖师来到东土。梁武帝问他：“我修建了许多佛寺，供养了无数僧尼，你觉得我有多大的功德？”

达摩淡然说：“你只有小指甲

盖那么大的功德。”

达摩的意思是，做了好事，如果老挂在嘴边说，希望得到别人的赞扬，那么功德就小了。

痴迷佛教的梁武帝，有一次却害死了一个和尚。他在下围棋的时候，对着棋盘说：“杀掉。”他的意思是要杀对方的一枚棋子。正巧，这时一个和尚等着他接见，侍卫听了他的话，误以为他命令杀和尚，就把和尚拉出去砍了。这大概是佛教史上死得最冤的和尚，围棋史上死得最冤的观众。

近义词：
花言巧语、巧言如簧

反义词：
笨嘴拙舌、三缄其口

萧衍同学，逐渐忘了要当好皇帝的志愿。后来侯景叛乱，率军攻入都城。侯景去见梁武帝，被天子的威严震慑，不禁汗流浃背，好像皇宫是桑拿房。但梁武帝最终被侯景控制，他想打电话找如来佛祖求救，又不知道佛祖的电话号码。

以前他听佛法听得天花乱坠，现在却饿得眼冒金星。临死前，武帝嘴里发苦，想吃一点儿蜂蜜。看管他的士兵拒绝他说：“你不是提倡节俭嘛，就为国家节省一点儿蜂蜜吧。你看见天花乱坠了吗？我没看见，我只看见给你烧的纸钱乱坠。”

mó chǔ chéng zhēn
磨杵成针

比喻只要有恒心，有毅力，即使是很难成功的事情也可以做成。

磨针溪在象耳山下，相传唐代李白曾在这里读书。如果说杜甫是耿直男孩，那么李白就是潇洒男孩。他又修仙，又练剑，又爱喝茅台，典型的摇滚青年一枚。李白读书时心浮气躁，书没读好就逃学了。

“世界那么大，我想去看看，哈哈哈……”山间回荡着李白的笑声。

李白看阳春烟景，青山妩媚。他下山经过磨针溪，看见有个老奶奶在溪边磨铁杵。他心想：铁杵那么粗，老奶奶磨它干什么？她是不是该吃药了？他说出疑惑后，老奶奶说：“我想把它磨成绣花针。”

天哪！就算老奶奶吃一整头牛，喝一洒水车的牛奶，把铁杵磨成针也要累到散架吧。李白想，以前觉得搞艺术很难，现在看来也不难啊，老奶奶的行为，就是一种行为艺术。搞艺术和打架有一个共同点，就是都要放开手脚，肆无忌惮，让激情飞溅。我们大唐子民，就得要有这个自信。

李白说：“我不相信呀。您老人家有这么多力气吗？”

老奶奶笑笑说：“滴水可以穿石，愚公可以移山。我只要坚持，总会成功的。”

李白佩服地说：“本来以为您需要服药，没想到是您给我的人生开了药方。这个药方就叫坚持。”

近义词：
水滴石穿

反义词：
一曝十寒、半途而废

好糟，赶紧让洒水车送牛奶来。
李白
我的心还不老，我对未来有许多想象。
咯吱
咯吱

tóng shì cāo gē
同室操戈

指兄弟自相残杀。也泛指内部争斗。

春秋时，郑国大夫徐吾犯的妹妹是个大美人，大夫公孙楚和公孙黑都看上了她。公孙楚已经和她订了婚，但公孙黑仍不肯罢休，也送去了聘礼，霸道地对徐吾犯说："你以后可以叫徐午饭了。你妹妹和你一辈子的午饭我都包了。以我的条件，当你们的长期饭票简直是小菜一碟。"

这两位公孙氏，地位都在徐吾犯之上，他都不敢得罪。他想，怪不得我叫徐吾犯，真要为此犯难啦。于是，他把事情告诉了大臣子产。子产建议，让他妹妹自己决定嫁谁。

徐吾犯把两位公孙氏请到家里，举办了一场小型的"非诚勿扰"相亲派对。公孙黑应该叫公孙白，脸颊光洁得像经过抛光打磨的大理石，他盛装出席，每一根头发都好像经过卫星定位。他带着厚礼，潇洒登场。公孙楚穿着武将服饰，英姿勃发，左右开弓，然后跃马而去。美女妹妹看了两人的表现，决定嫁给更像男子汉的公孙楚。

霸道总裁公孙黑被激怒了。他在礼服里穿上铠甲，藏好武器，冲到公孙楚家里，想杀了他，抢走心上人。公孙楚早有准备，拿起武器和他打了起来，像赶鸡一样，把他赶出家门。公孙楚追到十字路口，飞出手中的长戈，把公孙黑打倒在地。公孙楚表现出了他在三项奥运赛事上夺金的潜力：击剑、短跑和标枪。

近义词：
自相残杀、煮豆燃萁

反义词：
同舟共济、相亲相爱

公孙黑丢脸丢大了，回家后还对那些探望他的人撒谎说：“我一番好意去看他，哪知道他有暴力倾向。说到底，是我太善良了，没有防备。”

投鼠忌器（tóu shǔ jì qì）

比喻欲除恶人，而又有所顾忌，不好下手。

我是一只老鼠，我还有一个弟弟。弟弟爱吃米，所以叫米老鼠。我爱吃面，所以叫面老鼠。

人们大多只有一个家，而我们鼠辈信奉有奶便是娘，哪里有吃的，哪里就是我们的家。人类置办那么多家具，把自己束缚在房子和汽车里，每天躺在这些枷锁上还感觉良好。从格局上来讲，人类才应该被称为“鼠辈”啊。

最近，我和弟弟新到一户人家里。主人早出晚归忙生意，脑子里装的事情太多，把头发都挤掉了，每天回到家都累得要散架。我还听见他说：“物价飞涨，生活开销越来越大，只有洗发水的开销减少了，这大概是我脱发唯一的好处吧！”

我们在他家吃香的喝辣的，追逐嬉戏做有氧运动，比他开心多了。有一晚，主人睡下了，我们还在打闹。我撞倒了桌上的油灯，油还淌到了床上。床上睡着的主人，被淋了一脸的油。米老鼠说：“面老鼠，油腻的中年人要

发火的，快跑。”

“我才不管他发火还是发水呢。”我一溜烟地顺着桌子腿跑了。

第二天深夜，嬉戏过后，我趴在花瓶上睡觉。主人看见我了，触电似的从床上坐起来，要拿棍子打我。他的妻子扯住他的袖子说：

“别打呀，会把古董花瓶打碎的。”

“你这嫁妆是假古董，别以为我不知道。”

“你婚前说的万贯家财，不也都是吹的。我们不是该同病相怜吗？”

“好吧，虽然是假古董，但是也还值几个钱。”男人叹息着放下棍子。

可怜的人啊，斤斤计较地活着，哪有我们老鼠活得潇洒啊。

近义词：
瞻前顾后、畏首畏尾

反义词：
大刀阔斧、肆无忌惮

图穷匕见

tú qióng bǐ xiàn

比喻事情发展到最后，终于露出真相或本意。

战国末年，燕国的太子丹被留在秦国做人质。在燕国和秦国的较量中，秦国的版图吃成了大胖子，燕国的版图饿成了小瘦子。太子丹就像被人架在火上烤，他偷偷逃回燕国，准备复仇。他说:“我虽然和秦王从小一起长大，但我们友谊的小船，已经变成仇恨的快艇。秦王翻脸比翻书还快，他已经翻脸不认人啦。”

太子丹找到了荆轲，对他说:“燕国和秦国打仗，就像鸡蛋砸在石头上。燕国想联合各国抗秦，就像要把破碎的镜子拼完整一样，很难办到。我想派一个勇士去秦国，逼秦王归还各国的土地。如果秦王不答应，就刺杀他。”

“好啊，是哪个勇士？我去帮您把他找来。”荆轲好像立刻要给公安局局长打电话，让他查找人口数据库。

“不用找了，勇士就是你啊！”

荆轲紧张得像被公安局局长抓住的嫌犯，他说:“我是文艺青年啊。你看我忧郁的眼神，已经有十年没有目露凶光了。我虽然有时玩玩剑，主要也就是摆个姿势拍拍照，武艺并不高强。秦王可不是一条毛毛虫，他可不会配合我拍照啊！”

太子丹还是很信任荆轲的胆识和武艺，觉得此事只有荆轲能办到。他不停地朝荆轲磕头。荆轲拦住他说:“您再这么磕头，秦王还没死，您就先得脑震荡了。”

太子丹把荆轲当贵宾，和他共享车马、衣服和美食。荆轲一边享受，一边难过。他知道自己是有去无回，但还是决定报答太子丹对他的礼遇。工匠用毒药煮了匕首，作为行刺的武器。太子丹白衣白帽，为荆轲送行。西风孤雁，云遮断归途。他们到了易水边，喝完最后一坛酒，荆轲举行了告别演唱会。歌词里唱道：“风萧萧兮易水寒，壮士一去兮不复还。”

秦王很想得到燕国最肥沃的土地——督亢。见到了秦王，荆轲就把督亢的地图打开给他看。秦王就像猫闻到鱼腥、鹰看见绵羊一样放松了警惕，哪里会想到地图里藏着匕首。

荆轲左手抓住秦王的袖子，右手持匕首刺过去。他没料到秦王的袖子像壁虎的尾巴一样，一扯就断了。秦王起身逃走，绕着柱子跑，慌乱间忘了命令武士上前保护他。武士们只是傻乎乎地看着，好像只是在围观电影《荆轲刺秦》的拍摄。侍医夏无且扔出药囊砸中荆轲后，秦王这才拔剑砍倒荆轲。

武士们错过了雪中送炭，不能再错过锦上添花，立刻一拥而上，杀死已无还手之力的荆轲。

荆轲不是第一流的剑客，保护秦王立大功的夏无且也只是医生而不是武士，一个文艺青年和一个大国的国君在大殿之上单打独斗。这件事发生在武力第一的秦国，似乎有些荒诞。还有那个不合格的裁缝做的不合格的袖子，居然挽救了一个王国。

秦王就是后来的秦始皇。他似乎是够格的皇帝，但秦朝的寿命又短得让人瞠目，经不起大泽乡的一场大雨。

近义词：
原形毕露、水落石出

反义词：
扑朔迷离、真伪莫辨

兔死狗烹

tù sǐ gǒu pēng

比喻事成之后，杀害有功之人。

越王勾践卧薪尝胆，励精图治，又任用文种、范蠡等人辅佐国政，终于打败了吴国。勾践在吴宫大宴群臣，发现范蠡不知去向。他问：

“范蠡去哪里了？如此良辰美景，怎么不和我一起欢庆？”

“范蠡功劳大，现在谁也不放在眼里啦。”一个大臣不满地说。

“什么范蠡，是犯蠢，犯错。”另一个大臣添油加醋地骂道。

范蠡的功劳的确够大。当年吴王夫差打败了勾践，范蠡主动要求和勾践一起去吴国当奴仆，还让勾践假装顺从夫差，让夫差放松了警惕，勾践后来才能回到越国卧薪尝胆，东山再起。

范蠡此刻带着西施跑路了，坐船去了太湖。这是让两个人沉醉的夜晚。西施的发型很柔顺，但内心很凌乱，她知道，范蠡不想再辅佐勾践治理国家了。范蠡还给好友文种写信说：“飞鸟打光了，弹弓就会被收起来。野兔捉光了，猎狗就会被猎人煮着吃了。同样的道理，吴国被灭

掉了，我们这些功臣大概也不会有好下场。勾践这个人，可以和你共患难，但不能和你共享福。你现在不走，以后想走都走不了。”

文种对勾践还抱有一丝幻想。他没有走，只是经常装病，不去上朝。勾践心想，你除了装病，难道还要装傻。有一天，勾践去看文种，留下了一柄佩剑。文种知道，剑可不是送给他削苹果的，他以自杀的方式通过了勾践残酷的智商测试。

范蠡为了躲避勾践，隐姓埋名，辗转多地。如果逃亡是一门学问，范蠡就是这门学问的大师，他不仅活了下来，而且活得很滋润。全世界的人都想报名参加他的逃亡之旅，恐怕那时地球真要成“流浪地球”了。他有经商的天赋，赚了很多钱，成了大企业家。直到今天，很多商人都把他当财神，供奉着他的塑像。

近义词：
卸磨杀驴、鸟尽弓藏、过河拆桥、忘恩负义

反义词：
论功行赏、知恩图报

唾面自干

tuò miàn zì gān

指逆来顺受，即使受到了侮辱，也不计较。

唐朝宰相娄师德，有恭谨仁厚的好名声。他在当御史大夫的时候，到陕西出差，厨师用羊肉招待他。娄师德问，皇帝武则天严禁屠杀，你怎么能让我吃喜羊羊呢？厨师说，喜羊羊是被灰太狼咬死的。娄师德大笑道："灰太狼很懂事啊，知道我喜欢吃羊肉。等我再官升一级，我要把灰太狼也升级为国家一级保护动物。"

厨师又给他端来一盘鱼脍，又说鱼是狼咬死的。娄师德笑道："你这个鱼脍做得很有诚意，但编故事的诚意不太够。你如果说鱼是水獭咬死的，就合适多了。"

娄师德的弟弟被任命为代州刺史，娄师德问他："我们兄弟俩都当着高官，容易招人嫉妒，应该怎样保持我们的地位呢？"

弟弟答道："我一定小心谨慎，低调做人。哪怕有人朝我脸上吐口水，我也不还嘴，把口水擦掉就是了。"

娄师德说："你做到这样还不够。你擦掉口水，可能又会招人怨恨。你最好是笑着接受，让口水自己干掉。"

"我的脸皮难道是尿不湿吗，能超强吸水？"弟弟哈哈一笑。

"你就是要有这个雅量。"

娄师德温和地捋着胡子，就像在盆子里涮拖把。哥哥的雅量，真够大的，弟弟暗暗惊讶。

但娄师德并非软弱无能。许多人都承认他文武双全。敌军侵犯边境时，他主动请战，率军杀敌，战场上的敌人可不敢朝他吐口水，他们都忙着一边吐血，一边逃跑了。

近义词：
逆来顺受、忍气吞声

反义词：
以牙还牙

wán bì guī zhào

完璧归赵

比喻把原物完好无损地归还原主。

战国时期，赵国得到了著名的美玉和氏璧。秦昭襄王听说后，让人给赵惠文王带信，愿意用十五座城池来换和氏璧。赵王召集大臣商议，担心把和氏璧送往秦国是肉包子打狗——有去无回；可是拒绝秦王吧，又怕他挑起战火。

“秦王会给我们城池？洗澡池都不会给吧。”一个大臣说。

“秦王可不是省油的灯，我们别赔了夫人又折兵，送去了和氏璧还挨打。”另一个大臣说。

“我们这些赵国的灯，也绝不能省油，要在耗油量上和秦国的灯比试比试。”

有人向赵王推荐智勇双全的蔺相如出使秦国。蔺相如向赵王担保：“秦王若真给了城池，我就把和氏璧给他。如果他不给，我一定让和氏璧完好地回国。”

蔺相如到了秦国，把和氏璧交给秦王。秦王赞不绝口，但是对给赵国城池的事却绝口不提。于是，蔺相如说：“大王，和氏璧上有一点儿瑕疵，我指给您看一下。”

蔺相如从秦王手里接过和氏璧后，愤怒得满脸通红，就像用番茄酱洗了脸。他退到宫廷的柱子前，大声说：“老百姓之间的交往都要讲诚信，更何况是大国外交呢？

我看您并不是真心想用城池交换和氏璧，所以把和氏璧拿过来了。您不要逼我，否则我的头将跟和氏璧一起撞碎在柱子上。”

“万万不可，这和氏璧可不是甜甜圈，是稀世珍宝啊。”秦国的一个大臣叫道。

秦王怕他真把和氏璧撞碎了，于是向蔺相如道歉，还让大臣拿出地图，指给他看哪些城池是准备给赵国的。

秦王心里想：这个蔺相如心思真多，我一定要把和氏璧骗到手。他能带一只鸡回赵国，都算我输了。

“这个秦王，说话要是靠得住，母猪都会上树。”蔺相如心里想。

蔺相如知道秦王只是装装样子，并不会兑现诺言。于是，他请秦王斋戒五日，用隆重的礼节迎接和氏璧。回到住处后，他派随从带着和氏璧走小路逃回了赵国。

秦王按照斋戒礼仪，把身体洗得比和氏璧还干净。几天后他却得到和氏璧已经回到赵国的消息，肺都要气炸了，但也没什么办法。他知道就算把蔺相如杀了，和氏璧也不会长了翅膀飞到秦国。

“来了就是客，送蔺相如回国吧。”秦王无奈地说。

近义词：
物归原主

反义词：
夺人所好、久假不归、巧取豪夺

望梅止渴

wàng méi zhǐ kě

比喻用空想或假象等来安慰自己。

烈日当空，曹操的军队正在有气无力地行军。从空中看下去，大军就像一条大蜈蚣被用作了铁板烧的食材，快被烫死了。

比热更可怕的是渴。将士们的水壶早已经空了，嘴唇都裂开了。没有水，干粮就像沙土一样，咽不下去。士兵们又累又渴，再走半天，只怕会死人，也会有人逃跑。

“将军，我的嗓子都要冒烟了。”一个副将说。

“将军，我和烤肉之间就差一把孜然粉了。”另一个副将说。

曹操虽然天纵英才，但他也是血肉之躯呀。他也口渴难耐，全靠意志力支撑着，不然就要从马背上摔下来了。可许多士兵还只是毛头小子，又没有马骑，已经纷纷倒下了。

一丝风掠过身体，曹操突然有了主意。他挥起马鞭，向身后的将士喊道：“我看见前面有一大片梅林！风吹来梅子的味道了。”

副将也伸着脖子远眺。远处的确有一片树林，但是不是梅林呢？曹师傅说是就是吧，谁让曹师傅是将军呢。曹操见他沉默不语，

瞪了他一眼。虽然副将对牛奶过敏，但还是立刻使出吃奶的力气扯着嗓子大叫：

“我也闻到梅子的香味啦！大家快走啊。”

“酸酸甜甜的梅子，哎呀，我的口水要流出来了。”曹操更起劲地鼓噪。

士兵们纷纷喊：“大家快点儿啊，先到的可以多吃点儿。”

队伍的行进速度加快了。士兵们有的舔嘴唇，有的咽口水，好像梅子就在眼前似的。他们疾走半晌，终于走近树林，可发现并不是梅林。见士兵们唉声叹气，曹操又说：“应该还在前面，再走一会儿就到了。”

士兵们又走了半晌，终于发现了一条溪流。虽然不是梅子，但大家还是一阵欢呼，扑上去喝了个饱，肚子胀得像篮球一样大。小鱼小虾也把他们的嘴当成游泳池，纷纷游了进去，于是晚餐也解决啦。

近义词：
画饼充饥

反义词：
实事求是

wén jī qǐ wǔ
闻鸡起舞

指有志之士及时奋发，刻苦自励。

魏晋南北朝是个大乱世。乱世就像一口大锅，大多数人都是锅里的食材。所以有句老话说：宁做太平犬，不做乱世人。当然乱世也可能出几个大英雄。东晋就有祖逖和刘琨两位豪杰。

祖逖出生于世代为官的大族，不仅读书勤奋，还仗义疏财，慷慨豁达，深受时人敬重。他有一个朋友卖年糕发了财，却散尽钱财从军征战，祖逖很佩服，经常跟人说：“有志不在年糕哟。”

刘琨是王室后裔，在文学和音乐上天分都很高，而且相貌俊朗，斯文风流。他看不上那些游手好闲、涂脂抹粉的公子哥，经常说：“有志不在雪花膏。”

他俩后来一起担任司州主簿，经常在晚上一起讨论国家大事，抒发建功立业的宏大抱负。不知不觉谈到很晚，他们就睡在一张床上。兴致高昂的时候，他们甚至会在床上练武。

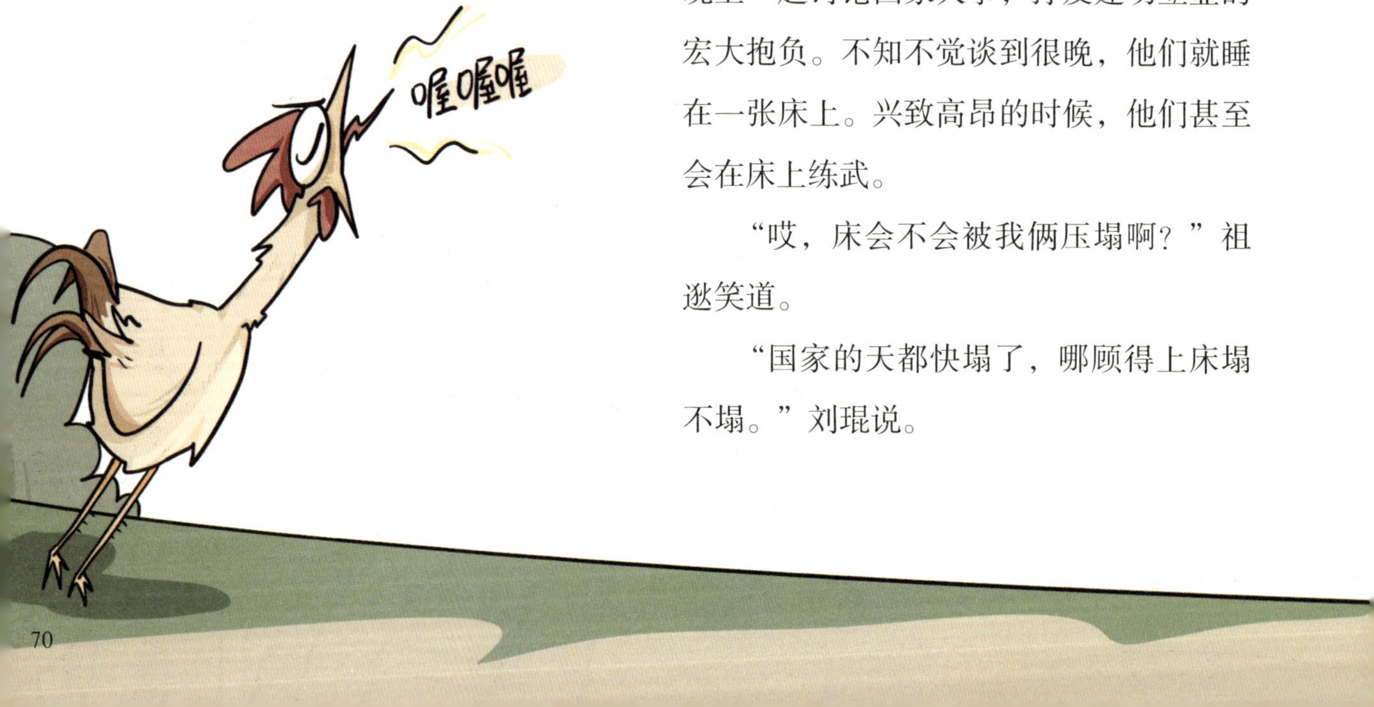

“哎，床会不会被我俩压塌啊？”祖逖笑道。

“国家的天都快塌了，哪顾得上床塌不塌。”刘琨说。

一天半夜，祖逖被鸡叫惊醒。当时民间有个说法，半夜听到鸡叫不吉利。祖逖虽然不在乎这些说法，但也睡不着了，脑子里全是铁马冰河的场景。他一脚踢醒刘琨说：

“要么我们别睡了吧。”

“那干点儿啥有益身心的事情呢？”刘琨的身体激动地抽搐了一下。

“闻鸡起舞。”

“这倒是个好主意！”

从此以后，他们每天听见鸡叫就起床，在屋外练剑。天道酬勤，长期的读书和练武，让他们成了文武双全的栋梁之材，实现了报效国家的远大理想。

近义词：
卧薪尝胆、悬梁刺股、发愤图强

反义词：
自暴自弃

wò xīn cháng dǎn
卧薪尝胆

形容刻苦自励，发愤图强。

战国时，吴王阖闾被越王勾践打败，临死前嘱咐儿子夫差替他报仇。夫差日夜练兵，两年后打败了勾践。勾践听从谋臣的建议，向夫差献上珍宝表示投降，后来还到吴国伺候夫差。

在吴国，夫差让勾践和马睡在一起，让勾践的夫人扫马粪。酷暑天，床上热得像铁板烧。下雪天，不需要堆雪人，自己就冻成了雪人。夫妻俩身上的衣服布料加起来，最好的裁缝也改不成一整条裤子。

夫差珍藏着一本《精神折磨经典读本》，变换着花样对勾践进行全天候、无死角的精神侮辱和肉体折磨。勾践一一忍受，甚至好像乐在其中。夫差一听见勾践的名字，就觉得特别兴奋。

“这个勾践，还真是够贱。”夫差哈哈大笑。

有一次，夫差病了，勾践前去探望。他掀开马桶盖，看夫差的大便有无异常，还用舌头尝大便的味道。夫差惊呆了，觉得勾践比自己亲儿子还好。于是，他便放勾践夫妻回国了。

勾践回国后发愤图强。他怕安逸的生活消磨了斗志，每天枕着兵器，睡在柴草上，还对手下人说：

“在我房里挂一个胆。”

“要不卤一下吧，味道好一点。”手下人说。

“你以为我是想吃宵夜啊。我就要原味的苦胆。”

从此，勾践每天都要舔舔苦胆，一天不舔浑身不舒服。夏天他烤着火，冬天他抱着冰，磨炼意志。他还亲自下地和农民一起种田。他的夫人也纺线织布，成了劳动模范。越国上下都精神振奋，刻苦创业，国家变得越来越强大。

最后勾践率军打败了夫差。夫差派人向他求和，听说勾践要把他流放到甬东，夫差无计可施，拔剑自杀了。

近义词：
悬梁刺股、发愤图强

反义词：
得过且过、醉生梦死、无所事事

wú suǒ shì cóng
无所适从

不知听从哪一个好。指不知该怎么办。

春秋时期的晋献公起初有申生、重耳和夷吾三个儿子，申生是太子。后来骊姬又为他生下奚齐。骊姬总是想：我这么好的儿子，不当太子，老天爷也会很心疼吧。

于是，骊姬贿赂一些人，向晋献公建议把前面三个儿子分别派到三个地方去。这样都城就空虚了，她就可以为所欲为。晋献公中计，打算让太子去曲沃，重耳去蒲城，夷吾去屈城。

蒲城和屈城都在边疆，人烟稀少，好像侏罗纪公园。于是晋献公派人在这两个地方修城。修城的人揣测，这一定是骊姬想让奚齐当太子的计谋，因此用不着把城修得太好。他就把一些柴草填充到城墙中，搞了个豆腐渣工程。夷吾悲叹："城池修得这么糟糕，风吹雨打，要不了几年，就会残破得像考古现场。我这个大活人享受的竟是死人的待遇。"

夷吾向晋献公告状，晋献公就质问修城的人。修城的人说："城没有修好，对不起两位公子。城修得太好，万一城的主人将来成了敌人，我又对不起君主。"

回到家，修城的人又说："一个是现在的老板，两个可能是将来的老板，我真不知道该听谁的话。治疗精神分裂的药物有没有上市？我要成为 VIP 客户。"

修城的人的预见是对的。骊姬挑拨晋献公和那三个儿子的关系，就像一个乐手轻松拨弄着四根弦的小吉他，演奏着《A 小调亡国进行曲》。后来，骊姬在一块肉中下毒，对晋献公谎称肉是太子申生献给他的，想谋害他。申生被逼自杀，为了

一块毒肉，赔上了自己一百多斤的身体。重耳和夷吾也被诬陷，被迫逃亡。晋献公果然派兵攻打蒲城和屈城。骊姬阴谋得逞，奚齐终于当上了太子。

晋献公死后，晋国大乱，骊姬和奚齐都被杀。奚齐还不到初中毕业生的年纪，他的生命就此谢幕了。

重耳流亡的时候，经常食不果腹。有一次，介子推甚至割了自己腿上的一块肉来给他充饥。在各国辗转流浪十九年，尝遍风尘冷暖，六十二岁的重耳终于回国即位，收拾残局，为晋国成为“春秋五霸”奠定了稳固的基础。

近义词：
莫衷一是、首鼠两端、不知所措

反义词：
旗帜鲜明、马首是瞻

xiān fā zhì rén

先发制人

先行动以取得主动权，制伏对方。

秦灭楚国的时候，作为楚国将门之后的项梁带着侄儿项羽逃到了吴中。项梁很能干，结交了很多吴中名人。项羽器宇不凡，哪怕骑辆二手破自行车，都有骑着汗血宝马的风范。

秦始皇到会稽游玩，坐在大船里得意扬扬。许多人朝他跪拜，他好像看见“风吹草低见牛羊”的景象。他就是风，他的臣民就是牛羊。

项羽也在岸上看着秦始皇。他可不想当秦始皇的牛羊，也相信他的叔叔项梁远比一只羊更有价值。他对叔叔说：“秦始皇有什么了不起，也只是普通的妈妈生的普通的宝宝。我觉得我可以取代他。”

“你在做梦吧，该醒醒了。秦始皇可觉得自己江山永固呢。”

“不是我在做梦，是秦始皇在做梦。房子倒塌前是不会通知主人早点儿撤离的。电脑要死机，你也不会提前收到它的短信。”

“嘘，小声一点儿，秦始皇这个宝宝会吃人的。”

陈胜、吴广在大泽乡起义后，许多地方都起兵反秦。见项羽摩拳擦掌，一个朋友劝他说：“当皇帝又怎么样，无非是饭来张口，衣来伸手，像个残疾人一样生活。”

项羽哈哈大笑：“你难道没看见全国人民争当残疾人的热情非常高涨吗？我为什么要缺席！”

会稽郡守殷通请项梁和项羽来共商大计。项梁的意见是“先发制人”，他说：“我们只有先动手，才有机会搞到人马和武器，才能控制别人。如果动手晚了，人马都让别人抢走了，我们就要被别人控制了。”

见殷通有些犹豫，项梁觉得他不是干大事的材料，跑出去对项羽说：“如果我们跟着殷通干，能开个养鸡场就不错了。要打天下，他不行。”

于是，项羽杀了殷通。殷通的部下吓得魂飞魄散，都趴在地上不敢起身。看着地上几十个大脑袋，项羽就像走进了西瓜地里。项梁拿着殷通的官印，声称自己新官上任，召集人们反秦，演绎起了争夺天下的风云大戏。

近义词：

先声夺人、先下为手强

反义词：

后发制人、静观其变

先见之明

xiān jiàn zhī míng

有预见事物发展的眼力。形容有预见性。

东汉末年，博学多才的杨修担任丞相曹操的主簿。有杨修帮助处理内外事务，曹操感到很称心，还说自己的才能不如杨修。

修建相国府的大门时，曹操前来视察后，让人在门上写了个“活”字。众人都不明白曹操的意思，只有杨修说：“门上一个‘活’字，不就是阔嘛，丞相是嫌门太大了。你们把门拆了重修吧。”

还有一次，别人送给曹操一杯奶酪。曹操尝了一点儿，在杯盖上写了一个“合”字。大家传看奶酪，不知他的意图。杨修看见，就吃了一口，笑着说：“合就是人一口。丞相让我们每人吃一口，有什么好犹豫的。”

杨修总能知道曹操的心意，因此地位很高，别人都要笼络他。曹丕和曹植，该让谁当太子，曹操一直很犹豫。比文学才华，曹植强过曹丕；但在军事和政治上，曹丕强过曹植。在两人激烈的竞争中，杨修支持的是曹植。当曹操最后决定立曹丕当太子时，杨修就处于不利的处境了，最后被曹操找借口杀掉了。

为了表示歉意和安慰，曹操送了很多礼物给杨修的父亲杨彪。后来，曹操还去拜访杨彪，惊讶地问：“你怎么瘦成纸片人了？”

杨彪伤感地回答："很惭愧，我没有金日磾（jīn mì dī）的先见之明，至今还像老牛喜欢舔小牛犊那样想着我的儿子杨修呢。我整天看他的画像，自己就瘦成纸片了。"

金日磾原是匈奴贵族，后归顺汉朝，成为汉武帝的近臣。金日磾的两个儿子寄养在皇宫中，汉武帝也很喜欢他们。但因为大儿子行为不检点，金日磾担心他长大了是个祸害，就把他杀了。

杨彪借金日磾有先见之明的故事，表达自己的悔恨。他后悔没有早一点儿劝杨修远离政治漩涡，学会保护自己。

近义词：
高瞻远瞩、未卜先知

反义词：
鼠目寸光、后知后觉

xián wài zhī yīn
弦外之音

比喻话语或文章中蕴涵的言外之意。

《后汉书》的作者范晔是与司马迁、班固齐名的历史学家，但不到五十岁就因谋反罪被处死了。他才华横溢，但他的任性妄为却让他的人生不断地遭遇泥石流。

范晔不光是文学家，还是音乐家。彭城王的母亲去世后，下葬当晚，范晔跑到弟弟家一边喝酒聚会，一边听着外面的挽歌谈笑，好像在说：“老太婆她死她的，我们玩我们的。我们搞艺术的，就得有一点儿个性。”

彭城王大怒，范晔被贬职。但是，他的任性一点儿也没改。他的琵琶弹得很好，宋文帝很想欣赏，多次暗示，但范晔非要装清高不可，不肯为皇帝弹奏。后来文帝宴请大臣，对他说：“我要唱歌，你来为我弹琴吧。”

范晔终于推脱不了，但只弹了一首曲子，绝不肯弹第二首，说手指疼。大臣悄悄议论说：“让他去打仗，他说脚疼；让他弹琵琶，他说手疼。看着这个人，我就头疼。”

后来，范晔被卷入了谋反的事，事情败露后，吓得面如土色。他就算给宋文帝弹奏一万首曲子，弹烂一百根手指，也救不了自己的小命。他在狱中给后辈写信，说到对音乐的见解还颇为自得，觉得自己的弹奏有弦外之音，神韵无穷，可惜没人能学到，要永久失传了。

近义词：
话中有话、言外之意

反义词：
直出直入、直言直语

牢房
赞！
缺锌可以补锌，缺心眼无药可救。
你要放我出去，我就给陛下弹一万首曲子！
范晔

胸有成竹

xiōng yǒu chéng zhú

画竹子之前心中要先有竹子的形象。比喻在做事之前心中有全面的谋划打算。

北宋的文同是著名的诗人和画家，也是大文豪苏轼的表兄。两人情同手足，而且都是“竹痴”。苏轼曾经说，宁可吃饭没有肉，也要每天看看竹子。

文同为了画好竹子，不管春夏秋冬，风霜雨雪，清晨薄暮，总徜徉在竹林里。一天傍晚，他坐在山上举着竹枝仔细观察。村民看见了，跑回家议论说：

“不好啦，文同变成大熊猫了，坐在地上吃竹子呢。”

“也许是大熊猫成精，变成了文同。”

“竹子多难吃啊，他应该蘸一点儿沙拉酱。”

大家你一言我一语地说着，文同痴迷竹子的名声很快远近皆知。他去外地做官，别人还以为他喜欢吃竹笋，就送给他很多春笋。

三伏天里，大地进入了烧烤模式。他仍然钻进竹林，观察竹叶上的光影。竹子每一节的长短胖瘦，竹叶的疏密明暗，他都仔细玩味，一一铭记。

暴雨倾盆的时候，他不顾道路泥泞，就往竹林里跑。他急切地想知道雨打竹子时，枝叶如何摇摆，光影的浓淡如何变化。村民发现竹林里有模糊的身影，以为有人要盗伐竹子，赶紧跑到文同家里，对他的夫人说：

“不好了，有人要偷文先生的竹子，您赶紧派人去阻止。”

“那个小偷，只怕就是文先生自己吧。”夫人笑道。

正是靠长年累月的观察揣摩，文同练就了出神入化的画竹技巧，开创了墨竹画法的新流派。当时“苏门四学士”之一的晁补之赞叹说：

“文同竹子画得这么好，是因为胸中早有活灵活现的竹子了呀。”

近义词：
心中有数、成竹在胸

反义词：
束手无策、心中无数

虚有其表
xū yǒu qí biǎo

空有好看的外表，而无与之相符的内容。

萧嵩是唐朝宰相，是梁武帝萧衍的后代。他身材魁伟，相貌俊美，还蓄了一把漂亮的胡子，是华东地区最灿烂笑容拥有者。甚至有些爱美的女士看他一眼，就觉得非常解渴。

唐玄宗作为艺术家，自然善于发现美，也觉得萧嵩仪表不凡，起初很器重他。

玄宗对苏瑰的儿子苏颋也十分器重，想让苏颋当宰相。任命的前一天晚上，他问身边的侍臣：“今天谁在外庭值夜班？把他叫进来。”

侍臣拿着蜡烛出去了，叫来的人正是萧嵩。玄宗让萧嵩连夜起草诏书。萧嵩完成诏书的草稿后，玄宗看见其中有“国之瑰宝”四个字，就批评说：“苏颋是苏瑰的儿子，我不想诏书中有‘瑰’字，你改一下吧。”

古人说话和写文章忌讳直呼君王和父辈的名字。萧嵩发现自己犯了错误，惭愧得满头大汗，连胡子都像打湿的拖把，久久不能动笔。

玄宗想着给了萧嵩这么长时间，他总

该把诏书改得更好了吧。等走过去一看，他发现萧嵩除了把“瑰”字改成“珍”字，其他文字都没改动。等萧嵩走了，玄宗把稿子丢在地上，不屑地说：“萧嵩这个人真是虚有其表。难怪有些人说看他解渴，我看说的有道理，他真是个水货啊。”

萧嵩虽然缺少文采，但是处理政务还算缜密妥当，后来还立了许多军功，最后也当上了宰相。

近义词：
绣花枕头、华而不实

反义词：
表里如一、秀外慧中、名副其实

xuán liáng cì gǔ
悬梁刺股

形容读书学习勤奋刻苦。

战国时候的苏秦生长在农村家庭。他拜鬼谷子为师，学习纵横术。学成后，他周游列国， 结果碰了一鼻子灰。各国国君都觉得他只会耍嘴皮子，说大话，不肯重用他。有些人还讥笑他：

“故事里有个牛魔王，你就是个吹牛魔王。”

“苏秦，你应该叫苏醒。你醒醒吧，以为耍耍嘴皮子就能当大官，你这小脑袋，别做大头梦啦。”

苏秦路费花完了，衣服也破了，灰头土脸地回了家。母亲生气地说：

“你一无所有，怎么好意思回来？”

妻子冷笑说：“您也不能说他一无所有吧。他头上有虱子，脚上有脚气。”

苏秦于是更加发愤读书了。他经常读书读到深夜，困了想要打盹的时候就用事先准备好的锥子刺大腿，直到清醒为止。

后来，苏秦抓住机会在各国游说，建议他们联合起来抵抗秦国。他同

时担任六国的国相，出行的气派甚至超过帝王。他回到家乡后，母亲拄着拐杖在路边迎接，妻子跪在路边不敢和他对视。

东汉的孙敬读起书来同苏秦一样刻苦，他勤奋好学，常常闭门从早读到晚，有时到了三更半夜的时候很容易打瞌睡，他就想了一个办法。

他找来一根绳子，将一头绑在自己的头发上，另一头绑在屋梁上，这样他打瞌睡的时候头一低，绳子就会扯痛头皮，他也能够清醒过来继续读书了。

当时有人听说此事后嘲笑他说：“本来头发就少，你是想拔苗助长吗？”

孙敬不予理会，最终通过年复一年的刻苦学习，饱读诗书，成为一名博古通今的大学问家。

近义词：

凿壁偷光、囊萤映雪

反义词：

得过且过、游手好闲、无所事事

睚眦必报

yá zì bì bào

睚眦指发怒时瞪眼睛。连瞪一下眼睛这样的小小怨恨都要报复。形容人心胸狭窄，度量小。

战国时期，在著名的长平之战中，秦国丞相范雎使用反间计，诱使赵王用“纸上谈兵”的赵括接替一代名将廉颇为主将，最终赵国大败。

范雎本是魏国中大夫须贾的门客。他曾经随须贾出使齐国，因为齐襄王给他送了一点儿金子和酒肉，须贾就怀疑他出卖了魏国，回国后报告了宰相魏齐。

魏齐大怒，叫人用板子、荆条打范雎。他的眼睛被打得肿成了乒乓球，肋骨被打断，成了三节棍。他奄奄一息，装死才得以偷偷跑掉。

此后，范雎改名张禄，逃到了秦国，最终受到秦昭王的赏识，当上了宰相。当须贾出使秦国时，范雎隐瞒了自己宰相的身份，穿着破烂的衣服去见须贾。须贾大惊，做了三次眼保健操，才确信范雎是人，不是鬼。

听范雎说他现在给人打杂，须贾表示同情，送给他一件衣服。须贾又向他打听宰相张禄，范雎就亲自驾着马车带着须贾去宰相府。到了门口，范雎说他先进去禀报，让须贾在外面等。须贾等了半天，问门卫范雎怎么还不出来。门卫说：“刚才那位就是张禄宰相。”

须贾大惊，脱掉上衣跪在地上，表示认罪。到了堂上，他连连向范雎磕头说：“我犯的错比我的头发还要多。”

范雎说：“别磕头了，别把我的地板砸坏了。我看你还念点儿旧情，给我一件袍子，我就不杀你了。你回去告诉魏王，把魏齐的脑袋快递给我。魏齐把我的眼睛打得肿成乒乓球，我要把他赶出地球。”

魏齐得到消息后，赶紧逃到赵国，躲在平原君家里。后来秦昭王也向赵王施加外交压力，他威胁说：“今年过年不收礼，收礼只收魏齐的人头。”

魏齐拿着放大镜找遍地球仪，也找不到藏身之所，绝望地拔剑自刎。

所有帮助过范雎的人，哪怕只是给过他一碗饭，他也会报答。所有伤害过他的人，哪怕只是瞪过他一眼，他也一定要报复。他说：“报仇真的比报销发票还开心啊！”

近义词：
小肚鸡肠、锱铢必较

反义词：
宽宏大量、以德报怨、不念旧恶

yǎn ěr dào líng
掩耳盗铃

比喻自己欺骗自己。

春秋时期，晋国有个大户人家，名叫范吉射，他家门口有一口大钟。某天，有个小偷经过这里，看见了这口钟。

“既然是乱世，就要有点儿乱世的样子。这么漂亮的钟我不偷走，难道要留给其他同行吗？”

他心想：如果把钟卖掉，赚的钱能换多少牛肉饼啊！吃了牛肉饼，我会跑得更快，肯定能偷到更多东西，然后能买更多的牛肉饼。

他越想越开心，试着抬起钟。钟纹丝不动，他气得踢了一脚，结果鞋反倒被踢飞，掉进了臭水沟。真倒霉！他赶紧跑到街上买了双新鞋。钟没偷到，还赔了双鞋，这真是小偷界的耻辱。

忽然，他看到草地上有一群蚂蚁在搬运食物，立刻脑洞大开，想到了一个好主意：把钟打碎，先化整为零，然后一块一块地搬走！

于是，他来到一个铁匠铺，偷走了门口的大铁锤。回到范宅门口，他拿起铁锤就准备砸。他忽然想到，砸钟的声音肯定会引起别人的警觉。他眼珠子骨碌碌一转，又有了鬼点子：塞住耳朵，人们不就听不见声音了吗？他暗暗得意，用棉花塞住了耳朵，抡起铁锤就砸起来。刚砸了几下，人们就闻声赶过来，当场把他抓住，扭送到了官府。

“不要啊，各位。我不抽烟，不喝酒，不打游戏，除了小偷小摸，没有什么缺点，能不能放过我？”小偷委屈地叫喊。

一个壮汉说：“我没别的爱好，唯一的爱好就是喜欢抓小偷。”

近义词：
自欺欺人

反义词：
开诚布公、实事求是

这是在干吗？
呃，不知道……先抓起来吧……
哈哈！我太聪明了！
丧钟为谁而鸣

yè gōng hào lóng

叶公好龙

比喻表面上好像喜爱某种事物，实际上并不是真正喜爱。

春秋时期，有个楚国贵族，叫叶公。

夜阑人静，月光下的街道，干净得像被舌头舔过。突然，叶公声嘶力竭的歌声飞上了墙头：

“对你爱，爱，爱不完。我可以天天月月年年到永远。”

叶公自称喜欢龙。他衣服上有龙，酒杯上有龙，屋子里的大梁上、窗户上、栏杆上都是龙。看见龙，听人说龙，他就满心欢喜。

天上的真龙听说了叶公，颇有惺惺相惜之感。一个夜晚，龙决定去人间拜访拜访他。龙把头探进窗户，尾巴拖进厅堂，整个身体塞满了屋子，憋屈得连呼吸都困难了。

“对你爱，爱，爱不完。我可以天天月月年年到永远。”

叶公拿着一根胡萝卜当麦克风，正在唱他的爱龙之歌。突然，一阵风吹打在他的脸上。叶公抬头看到眼前的真龙，龙正喜笑颜开地看着他，但是叶公觉得龙面目狰狞，张牙舞爪，十分可怕。

“叶公，我们相约星期六啦。”龙开心地说。

“妈呀，太恐怖了！”叶公吓得魂飞魄散，撒腿就跑，只恨爹娘没多生两条腿。

“这小子跑得好快，难道练过短跑吗？”龙气得鼻孔冒烟。

“我们还是做网友吧，永远别见面。”

“这胆小鬼还整天说喜欢我，你还是玩蚯蚓吧，那才是你心目中的龙。”

近义词：
言不由衷、表里不一、口是心非

反义词：
表里如一、爱不释手

你的爱意，比珠穆朗玛峰上的空气更稀薄。
爱也是一种伤害。
叶公

yí zì qiān jīn
一字千金

用来称赞诗文或书法作品极为精妙，价值很高。

吕不韦是战国末期的大商人。他认识了在赵国当人质的秦国公子异人，觉得异人“奇货可居”，就护送他回秦国，还出钱出计，扶植他。异人即位后，为秦庄襄王，也就是秦始皇嬴政的父亲。

这一笔风险投资，让吕不韦获得了丰厚的回报，他在秦国的地位是一人之下，万人之上。

当时各国都有养士的风气。魏国的信陵君、楚国的春申君、赵国的平原君、齐国的孟尝君，被称为“四公子”，都养着许多具有真才实学的人。毛遂自荐，说服楚王和赵国结盟抗秦，就是经典的例子。

在农耕文明的时代，商人的地位常受压制。吕不韦虽然成了政坛新贵，但是毕竟出身不好，所以总是有人歧视他。他养了三千食客，就组织他们编撰《吕氏春秋》，提升自己在文化界的地位。吕不韦好像在对世人说：“我其实是个文化人，文化人就这么娇气。你们看看我的《吕氏春秋》吧。不看不知道，世界真奇妙。《吕氏春秋》包含了古往今来的事理和学问，读这本书，包治各种脑残和脑子进水，保准让医生下岗，药店关门。”

书写成后，如何让天下人都知道呢？吕不韦和食客们大费脑筋。一个食客说：“我夜观天象，穿越到两千年后的中国，发现家家户户都有电视，电视里总在放广告。我们要是投个电视广告就好了。”

吕不韦笑笑：“那要先给每家每户配上电视机，这个投资太大了，不划算！”

电视广告做不了，还可以有别的广告嘛。吕不韦让人把《吕氏春秋》抄了一遍，张贴在咸阳城门上，并发公告说：“书中的文字，谁能增加、减少或者修改一个字，都能得到一千两黄金的奖赏！”

人们畏惧吕不韦的权势，布告张贴许久，也没人敢提出修改《吕氏春秋》。秦国人的情商这么高，吕不韦觉得是自己调教有方。从此，这部书被世人知道了，他的目的也达到了。

近义词：
洛阳纸贵、字字珠玑

反义词：
不值一钱

遗臭万年

yí chòu wàn nián

不好的名声永远流传下去，受人唾骂。

东晋的桓温年少时就有勇武的名声。有一个老婆婆曾经在“闻鸡起舞”的刘琨家里干过活，见了桓温一下子就哭了，说他长得很像刘琨。老婆婆说：“你的脸、眼睛、身材、声音都像他，只是什么都比他差一点儿。”

桓温不知道该高兴还是扫兴，但这不影响他的自信。晋成帝司马衍看他气度不凡，就对他说：“我有一个漂亮的姐姐，人见人爱，车见车爆胎，牡丹见了不敢开。我给你们俩牵牵线吧！”

他们俩没有辜负皇帝的好意，很快就牵了手，桓温就成了皇帝的姐夫。后来，他出兵荆州，灭掉了占据巴蜀的成汉政权，更是威名大震。他掌握了长江上游的兵权，得意地大笑：“长江就是我家的，所有的达官贵人都得喝我家的水。”

桓温的地盘越来越大，胃口怎么可能越来越小呢？渐渐地，皇帝的话，他也不听了。皇帝拿他没办法，只能睁一只眼闭一只眼，假装君臣和睦。

他第二次北伐时路过金城，看见自己二十多年前栽的小树苗已经长成大树，不禁痛哭：“树都长这么大了，人能不老吗？”

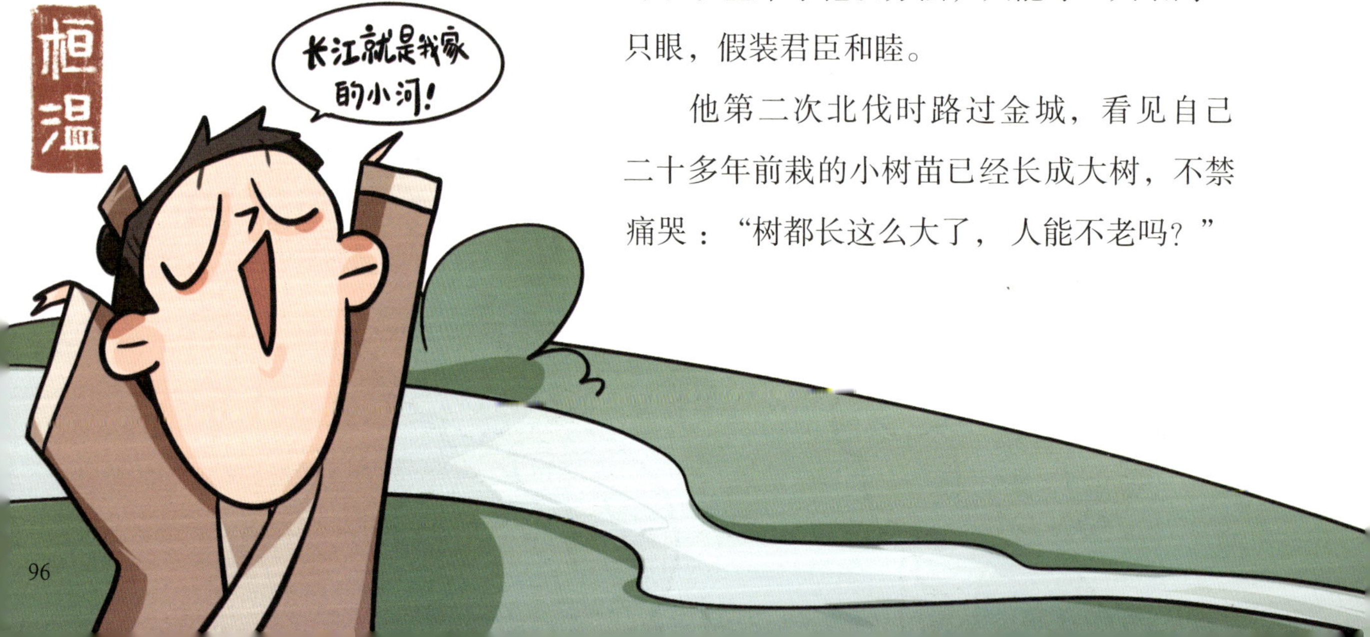

晚上，他躺在床上失眠了。时间的洪流好像就在身边哗啦哗啦地流淌。他自言自语地说："再不疯狂我就老啦。司马氏可以取代曹魏，我为什么不能取代司马氏？男子汉大丈夫不能流芳百世，也要遗臭万年。"

后来，他废掉了晋废帝司马奕，另立司马昱为帝，自己当宰相掌握实权。司马昱驾崩后，他想趁机篡权，奈何身体越来越差。他可以得到天下，却得不到健康。他还没来得及篡位，时间的洪流就将他的身体冲走了，一去不回。他想遗臭万年，但最后好像臭得还不够厉害。

近义词：
臭名昭著、声名狼藉

反义词：
流芳百世、永垂不朽

yǐ shēn shì fǎ
以身试法

用自身的行为去尝试法律的威力。指明知是法律禁止的而故意犯法。

“新年好呀，新年好呀，祝贺大家新年好。我们贪污，我们受贿，祝贺大家新年好！”唱这首歌的是西汉时期安定郡的一群贪官。当时的安定郡，一点儿都不安定，贪官们欺压百姓，无恶不作。终于，让他们担心的坏消息传来了：王尊要来安定郡当太守。

王尊自幼丧父，由伯父抚养长大。伯父家很穷，他一边放羊一边刻苦读书。他很仰慕书中那些秉公执法的清官，希望长大后也像他们那样参与国家管理。十三岁的时候，他已经掌握很多律法知识，开始在监狱长身边做事。放到现在就是同龄人刚上初中，他已经从大学法律系毕业了。

王尊逐步被提拔，终于升任安定郡太守。一到任，他就训诫官吏们：“我小时候放羊，就想着将来要管理国家。你们倒好，负责国家的管理工作却像在放羊，任性胡来，贪赃枉法。国法无情，希望你们从今天开始以身作则，不要拿你们的生命试

探法律的底线。”

有些家伙觉得自己后台硬，根本没把他的警告当回事。酒足饭饱之后，他们还在一起开玩笑说：

“现在正在反贪的风头上，我们就不要再贪污了——除非实在忍不住。哈哈哈。”

“不拿别人的钱财，我就手痒呢。”

贪官们的关系网在王尊眼里都是蜘蛛网，可以一扫而空。一个叫张辅的贪官被他抓住了。他说：“整个安定郡的钱，你都捞到家里去了吧。那好，你们家以后改成公园，谁都可以进去玩。”

仿佛是受到了阎王爷的盛情邀请，张辅在监狱里关了没几天就死了，家产全部被没收。贪官污吏们这下子知道王尊不是个纸老虎，都很害怕，再也不敢胡作非为了，盗贼们也吓得躲到别的地方去了。安定郡终于安定了。

近义词：
知法犯法、明知故犯

反义词：
奉公守法、以身作则

yǐn zhèn zhǐ kě
饮鸩止渴

用毒酒止渴，比喻只求解决目前困难而不顾严重后果。

东汉时期的霍谞少年时好读书，明事理。他十五岁时，做官的舅舅宋光因为秉公执法得罪了权贵，被他们诬告，说他篡改诏书。诏书可不是小学生写的作业，做错了可以修改，任何人都不能篡改诏书。皇帝信以为真，就把宋光关进监狱。狱卒对他说：

“有一个好消息和一个坏消息，你想先听哪个？”

“什么坏消息？”

“坏消息是，你进了监狱就要挨打。好消息是，你看着身体不错，应该不会被打死。”

宋光在监狱里忧心如焚，写了一首诗：整夜睡不着，处处蚊子咬。夜来嗡嗡声，包包知多少。

霍谞给大将军梁商写信，为舅舅辩白说：“宋光出身于世代为官的家庭，仕途顺

利，他作为州郡的长官，一向奉公守法，怎么可能犯死罪篡改诏书呢？这就像为了充饥去吃附子这种毒药，为了解渴去喝鸩酒这种毒酒。”

鸩鸟是传说中的猛禽，喜欢吃毒蛇，所以全身剧毒，尤其是羽毛。鸩鸟洗过羽毛的溪水，人畜一旦饮用，都会立即身亡。

梁商看了霍谞的信，佩服这个少年的勇气和才识，不仅重审此案，还去请求皇帝释放了宋光。

《资治通鉴》中关于饮鸩还有一个故事。南唐李昪在称帝之前，觉得徐知询功高震主，在宴会上想用鸩酒毒杀他。徐知询察觉了李昪的意图，将毒酒倒了一半在另一个杯子里，递给李昪喝，说一起共饮来表示同心同德。李昪大惊失色。乐师申渐高走了过来，接过这两个酒杯一饮而尽，然后把酒杯揣在怀里一边走出去，一边唱歌：“朋友今天就要远走，干了这杯酒。忘掉那天涯孤旅的愁，一醉到天尽头。”

李昪悄悄派人给申渐高送解药，但为时已晚，申渐高已死，脑袋都溃烂了。李昪也流泪唱了一首歌：“当你背上行囊，卸下那份荣耀，我只能让眼泪流在心底。面带着微微笑，用力地挥挥手，祝你一路顺风。”

近义词：
杀鸡取卵、剜肉补疮

反义词：
深谋远虑、从长计议

愚公移山

yú gōng yí shān

借指有决心和毅力，知难而进，不怕困难。

太行、王屋两座山，方圆有七百里。住在北山的愚公，年近九十，推开门就能看见山，因为出行不便，感到非常苦恼。于是他召集全家商量，提出集全家的力量把两座山铲平。家人纷纷赞同。只有愚公的妻子质疑说：

“你这把老骨头，这两座大山可不是生日蛋糕啊，你搬得动吗？再说，挖下来的泥土和石头放到哪里去呢？”

“我可以把这些土石填到渤海的尾端、隐土的北边啊。”

愚公立即率领三个儿子开始挖山，把土石运到渤海之尾。他们冬天出发去渤海，回来时已到夏天，身上却还穿着棉袄呢。他们衣衫褴褛，棉袄被污渍弄得乌黑锃亮，远看就像四头黑熊。

“小心，熊出没，熊出没。”村里的小孩儿指着他们说。

因为劳累，愚公的头发全掉了。又有小孩指着他说：“光头强怎么成光头爷爷啦？”

河曲的智叟嘲笑他说：“你脑子进水了吧！还能活几年都不知道呢。你能搬几筐土？你以为挖山是挖鼻孔呢。”

愚公笑道：“我年轻时身体多好啊。要论捕猎，狮子都要叫我师兄。游泳也游得快，大鱼都追不上我。就算我死了，我的儿子们身体还很强壮呢。就算将来我的儿子们死了，还有孙子辈呢。子子孙孙无穷无尽，只要坚持挖下去，山总能被我们挖掉。”

天帝被愚公的意志感动了，派大力神的两个儿子背走了那两座山。

近义词：
精卫填海、磨杵成针

反义词：
知难而退、望而却步

欲盖弥彰

yù gài mí zhāng

想掩盖真相（指坏事）反而暴露得更加明显。

唐太宗李世民能文能武，是历史上杰出的帝王，为唐朝的盛世打下了坚实的基础。在他的治理下，老百姓们安居乐业，晚上睡觉不关门也不怕小偷，因为小偷比现在的国宝大熊猫还稀有。

贞观二年（628 年），京城发生旱灾。太宗视察时看见蝗虫，捉住几只就往嘴里送。大臣们想，皇宫里的伙食不错啊，皇上为什么还要这样补充蛋白质呢？却听太宗说道："让蝗虫们来害我吧，不要害百姓。"

有一年冬天，太宗还把全国的死刑犯都释放了，让他们回家料理后事，明年秋天再回监狱执行死刑。到了第二年秋天，这些囚犯都回监狱了，没有一个人逃走。据说，刽子手们都感动得哭了。

因为国家日益强大，太宗后来也越来越骄傲自满，追求享乐。他到处修筑宫殿，搜罗珍宝，对外发动战争。早年他远离迷信思想，对秦始皇、汉武帝追求长生不老之事嗤之以鼻，可等自己到了疾病缠身的晚年，也开始乱吃丹药，妄想长生。他感叹道："岁月是一只坏鸟，啄得我千疮百孔。"

后来，大臣魏征多次上奏，批评太宗治理国家不如从前，甚至罗列他的"十大罪状"。魏征去世的前一年，还直言进谏：

“在朝堂上，您说些大公无私的话，退朝后，却常常任性胡来。您有时做了坏事怕人知道，就乱发脾气，乱要威风，想让别人因为害怕而闭嘴。您这么做掩盖不了您的缺点，反而让您的缺点更加明显。”

魏征死后，太宗很悲痛，罢朝五天。后来他听说，魏征生前把对他的很多批评记录了下来，还拿给史官褚遂良看，这些事情可能会被写进历史。

太宗大怒，把魏征的墓碑砸毁了。对于太宗来说，这正是欲盖弥彰。玄武门内的血迹，虽被上好的抹布擦净，但人心里的记忆，怎么能被擦掉呢？

一年后，太宗东征高丽，无功而返，不禁感叹：“要是魏征还活着，他一定不会让我打这个仗。”他又回心转意，重修了魏征的墓碑。

近义词：
此地无银三百两

反义词：
瞒天过海

yù bàng xiāng zhēng yú rén dé lì
鹬蚌相争，渔人得利

比喻双方相持不下，两败俱伤，结果让第三者从中得利。

春日的暖阳下，一只河蚌懒洋洋地躺在河边。他张开壳，沐浴着春风，很是享受。他很想向春天倾诉些什么，但又感觉自己说不出动听的词句。

一只鹬走过来，用尖嘴啄住河蚌的肉。河蚌一阵剧痛，大声说："你这只坏鸟，我没招你也没惹你，你为什么害我？"

"哈哈，对于这个世界，你可能有一些误会。"鹬扑哧一声笑了。

"什么误会？"

"我本来就不是什么好鸟！行走世界，要靠本事。没本事，你就是别人的一道菜。"鹬得意扬扬地说。

河蚌这才觉得形势严峻，末日降临。他本想做一只有诗情的河蚌，奈何生活

不向他展示诗情。于是，他关上壳，死死地夹住鹬的尖嘴。鹬啄不了肉，也抽不出嘴。双方相持不下，都叫嚷着让对方先放开。

“你不放开是吧，两天不下雨，肯定渴死你。”鹬威胁说。

“你的嘴两天出不去，活活饿死你。”河蚌也不甘示弱。

渔夫走了过来，坐在一块石头上，慈祥地看着鹬蚌相争，还煽风点火地说：“打得好，打得妙，打得对方哇哇叫。猫吃鱼，鱼吃虾，谁赢谁就当老大！”

“我们打架，关你什么事！”鹬生气地吼道。

渔夫摇摇手中的草帽，笑道：“你们也许是优秀的河蚌，优秀的鹬，但在我眼里，你们就只是道菜。”

“别——”鹬和河蚌同时叫道。

渔夫站起身，轻松地把他俩抓住，放进竹篓里，继续说：“生活是不是很残酷？没关系，习惯就好了。”

近义词：
坐山观虎斗、螳螂捕蝉，黄雀在后

反义词：
相得益彰、相辅相成

yuē fǎ sān zhāng 约法三章

泛指共同议定必须遵守的简单条款。

公元前 207 年，刘邦率军攻入关中。在之前的巨鹿之战中，项羽破釜沉舟击败秦军，秦军士气已经大挫，战斗力直线下降，已无法抵挡刘邦攻入咸阳。秦王子婴身着白衣投降，跪着迎接曾经当过八年快递小哥的刘邦。刘邦说："听说我进城，你们吓得连大气都不敢出。喘气没有那么难吧！你们再试一试呢。"

子婴向刘邦献上传国玉玺。刘邦哈哈大笑："远看还以为是蛋糕呢，近看才知道咬一口要去看牙医，原来是传国玉玺啊。这玉玺是和氏璧做的吧，这也是块'疯狂的石头'啊！多少人为了争夺它死无葬身之地。你的见面礼够大方。"

"我不大方点儿，就不是看牙医的问题了。即使所有科室的医生都来救我，明天我也得去太平间报到。"子婴的心在默默流泪。

刘邦在皇宫里东逛逛，西瞧瞧，在龙椅上坐坐，在龙床上滚滚，快乐就像喷泉在他的心里喷涌。将士们到处抢掠财物，把人性最坏的一面暴露无遗，整个咸阳城就像在举行狂野的动物狂欢节。

"我把脑袋绑在裤腰带上打了这么些年的仗，以后就住在皇宫里享福啦。"刘邦兴奋地说。

谋臣张良却劝他说：“现在还不是您享福的时候。您舍不得皇宫，就会丢掉整个天下，秦朝就是前车之鉴。如果您失了民心，就什么都没有了。”

刘邦问：“那我该怎么办？难道我把皇宫改造成旅馆，谁都可以进来住？”

“封闭王宫，保护好国库，我们退出咸阳，回灞上去。”

刘邦听从了他的建议，率军回灞上。为了赢得民心，他还召集关中百姓，向他们宣布：“天下即将太平，杀人放火者必须下岗。我和大家约定三条法律，简单明了：杀人者处死，伤人者抵罪，盗窃者判刑。”

刘邦派人到各地宣传“约法三章”，逐渐稳定了社会秩序。百姓们的拥护，为他最后赢得楚汉战争创造了条件。

近义词：
令行禁止、言出法随

反义词：
为所欲为、胡作非为

zhāo sān mù sì
朝三暮四

原指用名义上改变而实际上不改变的手法欺骗人。后形容变化不定，反复无常。

从前，有个养猴子的人四处流浪，靠表演猴戏为生。年景好的时候，观众给的赏钱多，猴子们被养得胖胖的，孙悟空快胖成了猪八戒。后来世道坎坷，江湖险恶，人们给的赏钱越来越少。养猴人很着急，担心养不活这群猴子了。

“现在日子艰难，你们就少吃一点儿吧。”养猴人说。

“我们四处奔走演出，从事高强度的劳动，多吃点儿怎么了？”猴王不满地说。

“瞧你们这一身肉是多么大的负担啊。”

“既想我们表演好，又想我们吃得少，你以为我们是机器啊。”

养猴人无言以对。第二天，他决定惩罚这些猴子，不喂食物了。演出的时候，猴王饥饿难耐，想抢观众的香蕉。养猴人怒气冲冲地打了猴王：“从明天开始，早上只许吃三个橡子，晚上只许吃四个橡子。”

猴王流着泪说：“曾经有一根珍贵的香蕉摆在我的面前，可惜我没有抓住。人世

间最痛苦的莫过于此。我最爱的就是香蕉了，如果要给这份爱加上一个期限，我希望是一万年。”

见猴王挨打，猴群都躁动起来，纷纷抗议：“不行，橡子太少，我们拒绝演出。”

猴王也鼓噪说：“我们跟着你出来打工，风里雨里也这么多年了。我看该散伙了，花果山的七大姑八大姨都等着我们回去呢。”

见猴子们群情激愤，养猴人决定改变策略。过了几天，他从山间经过，决定放假一天，让猴群好好玩耍。猴群泡了温泉，吃了枣子和苹果，在山间放飞了心情。趁他们晒日光浴的时候，养猴人说：

“亲们，从明天开始，每天早上吃四个橡子，晚上吃三个橡子，好不好啊？”

“没问题。”猴王懒洋洋地说。

“听着好像挺丰盛的。”猴子们纷纷说。

近义词：
朝秦暮楚、反复无常、出尔反尔

反义词：
一成不变、始终如一

zhǐ lù wéi mǎ
指鹿为马

比喻颠倒黑白，混淆是非。

我叫赵高，在秦朝当大官，我的爱好是搞阴谋诡计。我的书法很漂亮，被当作秦朝的字帖。整人更是我的拿手好戏，已经升华成了一门艺术。

我的大老板秦始皇是牛人吧？可还不是被我耍了。他死之后我秘不发丧，最后把他混在一车臭鱼里运回咸阳。因为他想让太子扶苏继位，但我不喜欢扶苏。我和李斯合谋，用伪诏逼死了扶苏，让胡亥登基了。胡亥也被我耍得团团转，他算什么皇帝啊，他只是在扮演皇帝，我才是幕后的大导演。全球舆论一致认为：世界乱不乱，赵高说了算。

我一天不整人就全身瘙痒，很难说这是生理疾病还是心理疾病。有一天，我把一只鹿带到皇宫里，说要送一匹马给胡亥玩。胡亥还以为自己是生物学家呢，傻乎乎地说："丞相，你搞错了吧，把鹿当成了马。"

"没错，它就是马。"我笃定地笑着。我说是什么，它就必须是什么。即使我没穿衣服，你们也得说我的衣服设计新潮。

胡亥又问大臣们："你们说，这是鹿还是马？"

我的视线像机关枪一样扫过群臣。他们面面相觑，面如土色。有的不敢回答，有的说是马，对这些听话的家伙，我不会亏待他们。但那些敢说是鹿的，他们的脑袋就该搬家了。

大泽乡的一场大雨后，农民起义接连不断，胡亥却一无所知。他被我蒙蔽，就是聋人和盲人。项羽破釜沉舟打败秦军，朝廷危在旦夕，胡亥才幡然醒悟，对我很不满。我决定先下手为强，派女婿杀进宫中。胡亥呆若木鸡，还想见我一面。对于这样的无理要求，我怎么能同意呢？他还很天真地说：

近义词：
颠倒黑白、混淆是非

反义词：
是非分明、泾渭分明

“你就让我当个老百姓吧，送个外卖啥的。”

“你是做大买卖的，天下都被你卖给项羽和刘邦了，让你去卖盒饭，岂不是屈才。”

胡亥绝望了，他回想二十多年来的奢靡生活，望着气象森严的宫殿，无奈地拔剑自裁了。大一统的王朝，倒在了血泊中。

不过，善恶终有报。坏事做多了，我赵高的下场也很糟糕。看来，做个堂堂正正的好人，对得起天地良心，才是正确的选择啊。

zhǐ shàng tán bīng

纸上谈兵

比喻空谈理论，不能解决实际问题。

战国时期，赵国大将赵奢的儿子赵括从小学习兵法。他谈起打仗就口若悬河，认为没有人能战胜他。赵奢也不能驳倒儿子，但心里知道他不行，担心他如果带兵会闯下大祸。

后来秦军进攻赵国，和廉颇率领的赵军在长平对峙。秦国的范雎采用反间计，派人到赵国散布谣言说："秦国根本不怕廉颇，怕的是赵括。"赵王信以为真，问赵括能不能击退秦军。赵括回答得头头是道，一副胸有成竹的样子。

"如果说赵秦战争是一部大戏，那么我将是最佳男主角。"

"请开始你的表演吧！"赵王很满意。

赵括的母亲对赵王说，他只会纸上谈兵，千万不能当将军。赵王没有听她的意见，坚持让赵括取代廉颇担任主将。

出发前，一个副将向赵括献计：“将军，我熟读兵书，这几天写了五万多字的作战方案，您参考一下好吗？”

他哪能让一个副将班门弄斧，于是呵斥说：“你别丢人现眼了，我随便出一个计谋就能消灭五万秦军！”

赵括率军抵达长平，改变了廉颇的防守策略，主动进攻。秦国暗地里调来名将白起，佯装战败溃逃。他果然中计，命令乘胜追击。结果赵军反被秦军分割包围，还被切断了粮道，士兵们饿得前胸贴后背。

“既然当了兵，你们就别想做寿星。大家伙跟我突围吧。”

赵括几次突围，都没有成功，最后被乱箭射成了刺猬。他的几十万将士，这部大戏中的群众演员们，纷纷缴械投降。秦军朝俘虏们吐口水，扔石子，尽情地戏弄他们。有的秦将还装模作样地制止说：“不许虐待俘虏——除非实在忍不住了。”

秦将白起无法接纳这四十万俘虏，于是将他们全部杀死。长平之战是战国时期最为惨烈、规模最大的一次战争。此后，秦国统一天下的大局已定。

近义词：
华而不实、夸夸其谈、坐而论道

反义词：
言必有中、脚踏实地

趾高气扬

zhǐ gāo qì yáng

走路时脚抬得很高，十分神气。形容骄傲自满，得意忘形。

唐朝末年，朝廷遭受着农民起义、军阀割据和宦官乱政的三重打击。唐昭宗虽然很想有一番作为，但是他只能无奈地坐视宣武军节度使朱温实力膨胀，成为中原霸主。

在各方势力的角逐中，昭宗一度被幽禁、挟持，辗转各地，每天只能喝粥，饿得头晕眼花。无数个夜晚，昭宗都在想：“大唐盛世真的要油尽灯枯，终结在我手里吗？我这个皇帝可真是落毛的凤凰不如鸡啊。”

朱温解决了宦官乱政的问题后，昭宗也落入了朱温的控制中。为了避祸，昭宗将刚出生的小皇子送到婺源，改姓胡，名昌翼，这就是后世“明经胡”的始祖。

朱温让昭宗迁都洛阳，然后把长安当成违章建筑，拆了个稀巴烂，木料投进渭水，漂到洛阳。当昭宗的车驾经过华州时，路上的百姓高呼万岁。昭宗哭着说：“不要再叫万岁了，我这个皇上已经是个摆设，没有用了。”

到了洛阳，朱温把昭宗身边的人全部杀光，找了一些和他们形貌相似的人顶替他们，监视昭宗的一举一动。昭宗掐指一算，离年迈退休似乎还有段日子，怎么老是眼花认错人呢？时间久了，他终于发现原来在身边服侍的人早已做鬼，现在这些都是冒牌货。朱温得意地笑道：“大唐要完蛋了。

大家伙吹灯拔蜡，各回各家，各找各妈吧。”

朱温又派亲信李振到洛阳监视昭宗。在李振眼里，昭宗和大臣们都不过是等待镰刀的韭菜。他原来是个屡试不第的学渣，现在终于有机会欺侮学霸出身的大臣，真是梦里都要笑醒。如果他长了尾巴，尾巴也一定能翘到天上去。

李振经常扬起下巴指挥别人，盛气凌人地训斥学霸大臣们。他每次去洛阳，大臣中就有人要倒霉。人们暗地里叫他“猫头鹰”，因为猫头鹰在民俗里是不吉利的东西。

被人称万岁的昭宗不过是极品韭菜，在 38 岁的清凉夜晚被朱温谋杀。当中秋的月饼快递到家时，已经没人签收了。

昭宗临死前绕着柱子躲避刀刃，让人联想到荆轲刺秦时秦王绕柱逃命的一幕。秦王虽然打倒了荆轲，但是他建立的秦朝却很快灭亡了。

后来，朱温采纳李振的坏主意，一口气在白马驿杀了许多大臣，并把他们扔进黄河的滚滚浊浪中，史称“白马之祸”。

两年后朱温自立为帝，目送唐朝的背影消逝在西风残照中。青山依旧，绿水长流，只是天下已经进入五代十国的大乱世。

近义词：
不可一世、目中无人

反义词：
妄自菲薄、卑躬屈膝、低声下气

zhuō jīn jiàn zhǒu
捉襟见肘

形容衣裳破旧。也比喻困难重重，穷于应付，顾此失彼。

春秋时期的曾参以孝著称。他小时候上山砍柴，母亲在家咬破了手指，他立刻心口疼痛，预感到母亲有事，马上背着柴草回家。母子间有这样的心灵感应，是因为骨肉情深。

曾参的夫人去赶集，她的儿子也吵着要去。夫人为让儿子留在家里，就说等她回来杀猪给他吃。夫人回来后，见曾参要杀猪，连忙说她是哄小孩子玩的，不用真杀猪。曾参说：

“你说到就要做到，不能开玩笑。你现在骗他，他长大了就会骗别人。我可不想儿子将来出现在法制栏目里，穿着囚服接受采访。”

“可我已经对猪说了，不杀它。你现在又要杀它，它会不会觉得我们欺骗了它呢？”

“儒学是人学。猪的喜怒哀乐，不在我的考虑之中。”

后来曾参去卫国讲学，因为营养不良面部浮肿，看起来像在残汤里泡过的馒头。

他每天辛勤劳作，手和脚都磨出了老茧。他经常三天都不生火做饭。虽然棉袍磨破了，但是他十年里没有置办过一件新衣服，帽子上的绳子一碰就断，袖子一拉就露出手肘。

曾参全身上下都需要修理，但他每时每刻都想着修理人心。即使这么穷困，曾参高唱起《商颂》来，他的声音还是清脆响亮，在天地间久久回荡。他是主唱、贝斯手、吉他手和鼓手，他一个人就是一支乐队。

近义词：
衣衫褴褛、左支右绌

反义词：
衣冠楚楚、游刃有余

国王让他做官，他不做；官员们都想和他交朋友，他也不理。可见，修炼心志的人，会忘掉身体；探索真理的人，会忘掉追求名利的心机。

zuò jǐng guān tiān
坐井观天

坐在井底看天。比喻眼界狭窄，见识不广。

一只青蛙坐在井里，仰头看看蓝天白云，侧耳听听风声和流水声，觉得生活美极了。一只小鸟落在了井边，青蛙问他从哪里来。小鸟说：“我从很远很远的地方来，飞了十多天，口渴了，停下来找水喝。”

青蛙笑道：“你这小嘴，口气还不小呢。天只比井口大一点儿而已，你怎么会飞十多天呢？”

“哈哈。井口和天空比，就像一粒沙和整个沙漠比，就像一滴水和整个海洋比。”

“沙漠是什么？海洋又是怎样的？”青蛙问道。

“你要想了解世界，就要先从井里跳出来。”

“我的祖辈一直生活在井里，到今天刚好一万天，岁月静好，我为什么要跳出去呢？”

“你们家族不是生活了一万天，而是把一天的生活重复过了一万遍。跳出来吧，青蛙！你要勇敢一点儿。”

“我作为一只地道的青蛙，就该过青蛙的生活。其他的一切事，和我没关系。天空属于你们鸟类，它是大还是小，是方还是圆，都随你们的便。”

“有句话说得好，癞蛤蟆想吃天鹅肉。我觉得你的癞蛤蟆表哥虽然丑，好歹对生活还有一点儿想法。你这青蛙眉清目秀的，怎么能没有理想呢？”

“哈哈，我的理想是，坐在井里，啥都不想。”

“好吧，我要去远方啦！远方有笑声，也有眼泪；有友谊，也有天敌；有烟霞满天，也有电闪雷鸣。这就是生活，这才是我该过的一生。”

见小鸟展翅高飞，青蛙似乎又有一点儿动心，他大声地说：“等一等，我再想想……”

近义词：
鼠目寸光、一孔之见、
管窥蠡测

反义词：
博洽多闻、见多识广、
高瞻远瞩

作法自毙

zuò fǎ zì bì

指自己立法反而使自己受害。

战国时，秦孝公任用商鞅实行变法。商鞅制定的法律十分严苛，目的是让国家强大。老百姓高不高兴不是商鞅关心的问题。他说："老百姓们不配拥有思想，国家让他们干啥，他们老老实实干就行了。"

太子驷也犯了法，商鞅为了树立新法的威信，想抓他治罪。但太子是国君的儿子，不能抓。商鞅就对太子的老师说："抱歉，把你的鼻子借给国家用一下。"

商鞅把太子老师的鼻子割掉了。变法就是利益的重新分配。一些旧贵族利益受损，觉得自己分到的是小蛋糕、坏奶酪。眼看一些穷小子打仗立功，竟然当了高官，就像坐了电梯，扶摇直上，旧贵族们的怒火简直可以把商鞅烤熟。

商鞅的地位越来越高，走到哪里都有大队保镖。他哈哈大笑："我负责风光体面，老百姓们负责辛苦干活。我负责指挥地球，老百姓们负责修理地球。"

秦孝公死后，太子驷成了新国君。那些怨恨商鞅的人纷纷要求抓他治罪。有人得到消息，跑去跟商鞅说："你去买双好运动鞋吧。"

"为什么？"

"准备跑路啊。"

听说新国君要抓他，商鞅害怕地想："我得罪的人太多了。就算有十个屁股，我也坐不稳现在

的官位了。”

商鞅被通缉，逃到边关，想到旅馆住宿。旅馆老板不认识他，要他出示身份证。他当然不敢暴露真实身份，只能说：“求你让我住一晚吧，我可以多给钱。”

老板摇头说：“你不知道商鞅制定的法律有多严。你要干了什么坏事，我收留了你，就和你是同样的罪名。”

商鞅狼狈不堪，群鸦还能归巢，而他竟无容身之地。西风瘦马，断肠天涯。他哀叹说：“没想到啊没想到，我制定的法律，最后把自己搞死了。我就算有十个鼻子，也都要被人割光了。”

近义词：
作茧自缚、自食其果、自作自受

反义词：
嫁祸于人、引咎自责

内容简介

成语是中国传统文化的一大特色，简短精辟且富有深刻的思想内涵，成语故事更是蕴含着丰富的历史信息和智慧。本书精选了120个经典成语，用幽默的语言加工创作成120个搞笑成语故事，读来妙趣横生、毫不枯燥，同时拓展了500多个近反义成语，帮助孩子加深文化积累，让孩子在欢声笑语中掌握所学成语并加强运用，为将来得心应手地写作和表达打下坚实的语言基础。

图书在版编目（CIP）数据

笑看成语故事．下册 / 上海元远教育主编；松下童著．-- 上海：同济大学出版社，2021.12

ISBN 978-7-5765-0044-8

Ⅰ．①笑… Ⅱ．①上… ②松… Ⅲ．①汉语－成语－故事－少儿读物 Ⅳ．① H136.31-49

中国版本图书馆CIP数据核字(2021)第277265号

笑看成语故事 下册

主　　编　上海元远教育

责任编辑　杨艳

责任校对　谢卫奋

插　　画　陈淑华

整体设计　黄敏　赵静　段庚鑫

封面设计　视界创意　刘艳琪

出版发行　同济大学出版社 www.tongjipress.com.cn

（地址：上海市四平路1239号 邮编：200092　电话：021-65985622）

经　　销　全国新华书店

印　　刷　上海盛通时代印刷有限公司

开　　本　889mm X 1240mm　1/24

印　　张　10.5

字　　数　265 000

版　　次　2021年12月第1版　2021年12月第1次印刷

书　　号　ISBN 978-7-5765-0044-8

定　　价　60.00元（全2册）